Armand BAMOUNI

LE CONSACRÉ

Armand BAMOUNI

LE CONSACRÉ

Récit de Dieu pour le monde

Éditions Croix du Salut

Imprint

Cover image: www.ingimage.com

Publisher:
Éditions Croix du Salut
is a trademark of
Dodo Books Indian Ocean Ltd. and OmniScriptum S.R.L publishing group

120 High Road, East Finchley, London, N2 9ED, United Kingdom
Str. Armeneasca 28/1, office 1, Chisinau MD-2012, Republic of Moldova, Europe
Printed at: see last page
ISBN: 978-620-6-16808-9

INTRODUCTION

« Que votre lumière brille aux yeux des hommes, afin qu'en voyant vos bonnes œuvres, ils rendent gloire à votre Père qui est aux cieux » (Matthieu 5:16).

Devant le Conseil des Laïcs, en 1974, le Pape saint Paul VI avait prononcé une parole qui demeure, pour nous aujourd'hui, une très belle interprétation de cette invitation de Jésus à ses disciples, à briller par leurs bonnes œuvres. Il avait affirmé que « *Les hommes d'aujourd'hui ont plus besoin de témoins que de maîtres. Et lorsqu'ils suivent des maîtres, c'est parce que leurs maîtres sont devenus des témoins* »[1]. Dans un monde épris de crédibilité, il est hors de tout doute que le consacré sera mieux compris et cru comme témoin que comme maître. En effet, la tâche principale du maître est d'enseigner, de dire ce qu'il faut faire, pourquoi il faut le faire et comment le faire. Le témoin, en général, aussi raconte, relate un événement ou dit son expérience par rapport à un fait, une situation. Mais le témoin, dans son acception biblique, ne se contente pas de dire, de raconter. Il fait moins usage de mots. Il « essaie » de porter ce qu'il veut dire, il « s'efforce » de le vivre, il « lutte » pour l'incarner. Et c'est cela sa manière de dire et de raconter, à laquelle l'invitation ou l'appel à l'imitation est toujours sous-jacent. Le témoin est pédagogue par ses actes, par sa vie.

À mon sens, c'est dans cette perspective que le consacré doit davantage comprendre sa vocation aujourd'hui. Un nouvel accent, un

[1] Pape PAUL VI, Audience générale du 02 Octobre 1974.

grand soin – c'est une urgence – doit être mis sur son attitude, son vécu de l'Évangile. C'est LE MOYEN, c'est le véritable moyen d'annonce de l'Évangile aujourd'hui qui, évidemment, n'est pas nouveau, mais doit être renouvelé, revisité : annoncer en vivant. De cette manière, il pourrait répondre avec plus d'efficacité à sa vocation qui est d'être **un récit de Dieu pour le monde**.

Ce que je ressens ici, ce n'est pas que l'annonce explicite du Dieu de Jésus-Christ par la parole est révolue. Non ! C'est plutôt que nous, pas seulement les prêtres, mais tous les consacrés et leurs collaborateurs dans l'œuvre de l'évangélisation, devons mettre notre point d'honneur à dire Dieu et à le faire connaître par notre vie en plus de parler de Lui. Ce dernier aspect ne sera convaincant, ne touchera les cœurs et ne les tournera véritablement vers Dieu que couplé du premier. Il est impératif que l'on renoue avec ce dynamisme qui a animé tant de figures à travers les siècles : des prophètes jusqu'à Jésus-Christ ; des apôtres jusqu'à des hommes et femmes de notre temps. Un nombre considérable de ces personnes ont mené une vie exceptionnellement édifiante non pas tant parce qu'elles avaient mieux compris les Écritures, intellectuellement parlant, ni parce qu'elles passaient nécessairement beaucoup plus de temps à la prière, etc. Je crois que c'est d'abord essentiellement parce qu'elles brûlaient du désir de vivre pour Dieu et de Dieu, d'être des « lieu-tenants » de Dieu pour leur prochain, et parce qu'elles ont accepté que Dieu emprunte leur intelligence, leur cœur, leurs yeux, leur bouche, leurs mains, leurs pieds, tout leur être, pour accéder aux hommes et aux femmes de leur temps, pour se révéler à eux et leur dire comment Il les aime et veut les sauver. De la sorte, l'intelligence des Écritures et la prière sont devenues, pour eux, des moyens indispensables pour garder vivant leur désir de Dieu.

A priori, cet écrit est le résultat d'un regard d'abord introspectif allant du début de mon aventure vocationnelle jusqu'à mon serment missionnaire et à mon entrée dans les Ordres par l'ordination diaconale. Il est l'expression de mon aspiration la plus profonde, une aspiration que je pense partager avec beaucoup d'autres qui ont répondu à l'appel de Dieu et de beaucoup d'autres qui cherchent à y répondre. Il est finalement une interrogation adressée à tout consacré pour que nous essayions tous de faire un rappel conscient des vraies raisons de notre consécration sans trop verser dans le spiritualisme, encore moins dans le relativisme. Et l'idée de coucher par écrit cette réflexion est née au cours de notre retraite de préparation au serment missionnaire et à l'ordination diaconale, en Décembre 2019. J'en suis arrivé à une conviction personnelle. Et pour qu'elle ne reste pas une simple vue de l'esprit, j'ai trouvé opportun de la vérifier et de la fonder en puisant dans le trésor spirituel de l'Église. Ainsi, vais-je visiter certaines figures prophétiques, Jésus-Christ Lui-même, et certains hommes et femmes de notre temps qui, pour moi, ont su parler de Dieu en vivant de Lui et pour Lui.

La vie consacrée ou le consacré, qui est le thème principal de cette réflexion, n'est pas à prendre dans son acception canonique (comprenant seulement les religieux, religieuses et ceux qui professent des vœux à travers les conseils évangéliques de chasteté, pauvreté et obéissance), mais dans son acception spirituelle, se dilatant ainsi à la dimension de la vocation à **être mis à part**. C'est pourquoi les prêtres, qu'ils soient diocésains ou religieux, de même que les membres de toutes les congrégations et instituts y sont inclus.

CHAPITRE I. LE CONFORMISME, UNE DANGEREUSE GANGRÈNE

« Ne vous conformez pas au monde présent, mais soyez transformés par le renouvellement de votre intelligence, pour discerner quelle est la volonté de Dieu : ce qui est bien, ce qui lui est agréable, ce qui est parfait » (Rm 12, 2).

Parmi les dangers qui guettent permanemment le consacré et qui peuvent à tout moment le détourner de l'essentiel de sa vocation, se distingue singulièrement le conformisme. C'est un poison subtil et très efficace. Il est nécessaire de le reconnaître dans ses multiples expressions et de le combattre en soi-même, car ses graines sont potentiellement semées en chacun de nous. Le manque de consistance et de discernement, la faiblesse de la volonté ou encore la peur de donner une orientation personnelle à sa vie dans le sillage de la volonté de Dieu en sont, entre autres, les facteurs ou éléments déclencheurs.

Littéralement, le conformisme consiste à « faire comme tout le monde ». Pourtant, à strictement parler, il n'est pas une seule personne qui soit comme tout le monde au point de vouloir faire comme tout le monde. Évidemment, le processus d'éducation laisse son empreinte : l'on naît et grandit avec certaines valeurs ou même des défauts (anti-valeurs) qui façonnent le comportement et permettent à l'individu de s'identifier à son milieu social et de s'y situer. Mais à un moment donné, il appartient à chaque individu, indépendamment des déterminismes socio-culturels, de décider du type de personne qu'il voudra être et de se donner les moyens pour y arriver, sans cependant faire fi des principes moraux justes sur lesquels la société est fondée. C'est une responsabilité à laquelle nul ne doit renoncer sous aucun prétexte. Pour le chrétien, et le consacré en particulier, il n'y a pas meilleure référence que Jésus-Christ. Et le Christ nous appelle chacun par son nom parce que chaque personne est unique et nous répondons à son appel de façon personnelle.

1. Personne n'est comme tout le monde

Nous avons beau avoir en commun des aspects biologiques et autres, mais nous ne pouvons jamais être *les mêmes*. Ainsi l'a voulu Dieu dans sa souveraineté créatrice. Par conséquent, nul, sous cet angle, ne devrait ressentir de la gêne d'être différent (quand c'est pour de bonnes raisons). Cela est davantage plus vrai pour le consacré dans le monde et vis-à-vis du monde. Il n'est pas comme tout le monde et il ne doit surtout pas chercher à être comme tout le monde. Il est *spécial*. Cependant, cette *spécialité* du consacré ne s'entend pas comme une qualité supérieure que tout le monde n'aurait pas, ce qui ferait de lui quelqu'un de mieux que les autres. Non ! Sa *spécialité*, sa spécificité, c'est sa consécration, le fait qu'il ait été mis à part, choisi par Dieu pour une mission spéciale. Donc, la particularité du consacré n'est pas un attribut *a priori* propre à sa personne, mais plutôt propre à l'appel qu'il a reçu ; et cela se répercute nécessairement sur sa personne et toute sa vie qui doivent, par conséquent, être modelées sur cette grâce. La vie consacrée est donc une vie de grâce. Ainsi, importe-t-il que le consacré soit sans ombre ni trouble au visage (cf. Ps 33) s'il parvient heureusement à ne pas être comme tout le monde, tout en étant solidement attaché à Jésus-Christ et en embrassant sans réserve sa mentalité, c'est-à-dire ses valeurs et ses principes.

Et je suis convaincu que le monde est mieux avec le consacré que sans lui, car autant le monde est un défi pour lui, autant lui aussi constitue-t-il un défi pour le monde. Ainsi, tous les deux sont engagés dans une recherche constante d'équilibre qui ne se trouve qu'en Dieu seul. Le monde, en proposant ses services au consacré, le place également dans une situation où il lui est donné de percevoir le clin d'œil de Celui qui l'a appelé. Et quand le consacré recherche sa paix et sa stabilité en Dieu, il rappelle toujours au monde d'où il vient où il doit tendre.

De plus en plus, le monde se montre exigeant et critique vis-à-vis du consacré et de l'Église, non pas parce qu'il ne veut pas de l'Église et du consacré. À mon avis, c'est parce que, parfois pour de bonnes raisons, il ne veut pas de l'Église et du consacré tels qu'ils sont en train de devenir : l'Église, lieu de lumière ne doit pas devenir un repère de ténèbres ; et le consacré, homme ou femme de Dieu, ne doit pas non plus devenir agent du Mauvais[2]. Cette exigence du monde à l'égard de l'Église et du consacré est parfois l'expression légitime d'un cri de détresse auquel l'on doit répondre avec la rectitude du Christ Lui-même. Ce cri est parfois désir de lumière, de vérité et d'amour. Et il se fait entendre quand il est contrarié par l'obscurité, le

[2] Cf. Card. R. SARAH et N. DIAT, *Le soir approche et déjà le jour baisse*, Paris, Fayard, 2019, p. 6.

mensonge, l'hypocrisie et la haine visibles dans la vie de certains consacrés.

Cet ensemble de contre-valeurs qui a pris des ramifications que l'on sait aujourd'hui profondes même à l'intérieur de la hiérarchie de l'Église, cache au monde le vrai visage de Dieu et provoque un dégoût pour ce qui lui est présenté. Et bien-sûr, c'est l'Église, l'épouse immaculée du Christ qui en fait les frais. Mais, quand tout le monde, pour l'une ou l'autre raison, tourne le dos à la lumière, à la vérité et à l'amour, le consacré doit doubler d'efforts pour les faire prévaloir. Quand tout le monde, pour l'une ou l'autre raison, tourne le dos à Jésus, le consacré doit prendre la vraie mesure de cette parole de Pierre et la réaliser pour lui-même : *« À qui irions-nous, Seigneur ? Tu as les paroles de la vie éternelle »* (Jn 6, 68). L'essence de sa vie, à la lumière de celle du Christ, est de ramer à contre-courant quand cela est nécessaire.

2. La *sequella Christi*, source de la singularité du consacré

Le consacré est appelé à suivre Jésus, à marcher sur ses pas, à apprendre de Lui, à vivre de Lui et pour Lui. Suivre Jésus, le prendre pour maître et modèle, et chercher à l'imiter font de la vie consacrée une vie fondamentalement prophétique. S'y engager, c'est s'engager à une rupture, à un changement radical – même si souvent il doit être progressif –, c'est accepter ce type de folie qui, tout en vous consolidant dans votre désir de l'Unique nécessaire, interpelle les autres et leur rappelle le pourquoi de leur existence. Car l'une des plus grandes tragédies que l'homme puisse vivre, c'est de réaliser au soir de ses jours que quelque part sur le chemin, il s'est perdu, et qu'il n'a plus jamais réussi à se retrouver, pour être ce que Dieu a toujours souhaité qu'il soit[3].

Cette attitude, digne de la *sequella Christi*, a été celle des prophètes, ces hérauts de la foi et hommes de l'Esprit qui se sont distingués par leur conformité au message que Dieu transmettait par leur bouche. Ce message, ils l'incarnaient en même temps qu'ils le formulaient[4]. Arrêtons-nous un instant sur la figure de Jérémie. Il y apparaît qu'être prophète signifie être mis à part, non pas pour ne pas se salir avec les autres, ou encore moins parce qu'on est un être spécial ou parce qu'on devient quelqu'un de plus important que les autres. Non ! Être prophète est plutôt le fait de la grâce, de la force et de la souveraine liberté de Dieu. Ce Dieu qui appelle qui Il veut, indépendamment de ses qualifications, de sa promptitude ou de son hésitation à répondre, pour en faire son porte-parole, l'interprète de l'histoire pour son peuple et même la conscience critique au milieu de son peuple dont la conscience peut sombrer dans l'erreur. Ainsi en a-t-il été, par exemple, du prophète Jérémie.

Pour correctement assumer tous les aspects de sa mission, le prophète Jérémie a dû se laisser nourrir de la Parole de Dieu : « *Quand*

---

[3] Cf. B. GASS, *Forgetting your past*, Gainesville, Bridge-Logos Publishers, 2000, p. 117.

[4] Cf. J. BRIEND et alii, *La Loi et les Prophètes. Introduction critique à l'Ancien Testament*, Paris, Pierre Tequi, 1999, p. 286.

je rencontrais tes paroles, je les dévorais ; elles faisaient ma joie, les délices de mon cœur, parce que ton nom était invoqué sur moi, Seigneur, Dieu de l'univers » (Jr 15, 16). Comme il est beau d'avoir la Parole de Dieu pour nourriture ! C'est en elle que Dieu exprime sa volonté pour son peuple, pour le monde et pour chaque homme. C'est en tenant ferme en elle que le prophète – et chaque âme dévote – peut parvenir à briller comme un astre dans l'univers, au milieu d'une génération parfois fourbe et tortueuse (cf. Ph 2, 15). Et c'est précisément ce côté-là de la Parole de Dieu qui avait fait de Jérémie, qui l'avait prise au sérieux, un être mis à part, mais aussi un être étrange pour ses contemporains ; un homme qui dérangeait, qui gênait, qui troublait au point de se retrouver sans amis. Cette allusion que je fais à Jérémie ne signifie pas que l'homme ou la femme de Dieu doive se transformer en oiseau de mauvais augure pour ses contemporains, ni prendre le malin plaisir à s'exercer à une remise en cause systématique de leur mode de vie. Il courrait là aussi le risque extrême de déformer l'image de Dieu auprès d'eux, si toute son activité se ramenait au déracinement violent en vue de replanter – cela n'est d'ailleurs pas une garantie.

Il doit rentrer dans la pédagogie de Dieu où la dénonciation, le reproche et parfois la menace sont inspirés par l'amour. Un des aspects de la vie de Jérémie que le consacré doit regarder et embrasser, c'est que malgré l'opposition des rois et autorités juives, le refus de l'écouter, l'inimitié et la persécution qui ont souvent constitué son lot, malgré ses propres peurs, luttes et résistances intérieures,

Jérémie n'a pas abdiqué sa mission. Il suffit, pour s'en convaincre, de se rappeler les épisodes de la bastonnade et de la prison (Jr 37, 11-16 ; 38, 4-13). Le prophète ne doit pas craindre son auditoire quand il refuse d'écouter les paroles appropriées à sa situation, et exige plutôt de lui qu'il dise celles qu'il veut entendre. Ainsi doit-il en être du consacré. Il ne doit ni se décourager ni craindre quand son attitude, ordonnée à la volonté et à la Parole de Dieu, ne rencontre pas l'assentiment de ses frères et sœurs à qui il est envoyé ou avec qui il vit et partage la même mission. En la matière, Jésus-Christ est un exemple parfait.

Pour mémoire, au temps de Jésus, il existait une inimitié palpable entre Juifs d'un côté, samaritains et païens de l'autre. Le poids de l'histoire avait façonné cette tension dans les relations. Et cela ne posait pratiquement problème à personne tant on s'en accommodait. Mais vint Jésus, juif de la lignée de David. De par ses origines, Il était "destiné" à s'inscrire dans la logique du rejet, du dédain et de la haine vis-à-vis des samaritains et des païens (cf. Mt 10, 5). Il fallait toutefois compter avec le fait qu'Il est venu révéler Dieu, montrer Dieu, dire Dieu et ce qu'Il veut pour l'homme. C'était sa mission et Il en a eu une conscience aiguë. Comment allait-il donc concilier la vérité sur Dieu – Dieu est amour et l'amour est ce qu'il y a de mieux si bien qu'Il veut l'offrir à tout homme – avec la réalité séculaire vécue par les juifs – méfiance et haine vis-à-vis des non-juifs ?

Il a connu l'incompréhension, la persécution, la haine, la dérision, la passion et même la mort. Mais Il n'a pas abdiqué, et Il n'a pas échoué – même si nos considérations humaines voudraient que sa fin tragique soit interprétée comme un échec « humain ». À sa suite, ses Apôtres ont porté le même message central et ils ont connu, pour beaucoup d'entre eux, le même sort. Malgré ces résistances fort contrariantes, la Bonne Nouvelle du salut est parvenue "jusqu'aux confins de la terre", la foi en Dieu-Amour est célébrée et la face de la terre ne cesse d'en être renouvelée. Mais l'annonce de la Bonne nouvelle nécessite un courage particulier sans lequel le consacré ne saurait ressembler à Jésus.

3. Le courage d'être différent fait ressembler à Jésus

Certes, entre le dire et le faire, il existe un espace qui doit devenir trait d'union par l'effort de l'homme de répondre à la grâce de Dieu. Entre l'intention, si bonne soit-elle, et sa réalisation, il existe aussi une distance à parcourir, qui ne peut être assumée par l'homme que quand il se dispose à laisser l'Esprit du Christ faire avec lui. Il est important pour le prêtre ou le religieux d'en avoir conscience au risque de se laisser prendre au piège du découragement et du défaitisme. Autrement, ils finissent par inconsciemment chercher à falsifier leur vocation par le fait de leur manque de courage d'y répondre pleinement. Souvent, c'est parce qu'ils en sont venus à en découvrir la dimension déroutante qui fait qu'ils ne peuvent ressembler aux autres, que leur mode de vie peut même apparaître comme un déni, un reproche implicite, une remise en cause de celui des autres. S'ils en restent là, ils n'auront jamais le courage d'aller de l'avant ; mais s'ils parviennent à prendre conscience que cela est essentiel à leur vocation et qu'en "dérangeant" les autres, ils doivent leur indiquer le chemin de Dieu, seulement alors, ils pourraient prendre le risque.

Je donne un exemple parmi tant d'autres. Aujourd'hui, la mode a conquis diverses sphères de la vie notamment celle des tenues vestimentaires. Certains consacrés y ont été englués – je dois dire avec regret, presqu'au même titre ou plus que les fidèles laïcs – au point qu'on peut se demander s'il y a encore vraiment un code vestimentaire pour les hommes de Dieu[5]. Plus regrettable encore quand on entend certains dire sans gêne que c'est la mode, c'est le style. Ou encore traiter de vieillie la manière, beaucoup plus décente et respectueuse de leur état de vie, dont d'autres clercs et religieux s'habillent. Peut-être que nous ne pouvons pas tous et toujours nous vêtir de manière à afficher notre statut, au risque de nous faire accuser de cléricalisme, mais nous devons nous garder d'adopter sans discernement un style qui ferait de nous des adeptes d'un snobisme vestimentaire.

Avons-nous vraiment conscience du mal que nous faisons à nos frères et sœurs fidèles chrétiens qui ont les yeux tournés vers nous comme vers leurs modèles dans le vécu de l'idéal chrétien ?

---

[5] Il faut louer la fidélité de certains ordres et congrégations notamment féminines à leur habit religieux. On ne s'en rend peut-être pas compte, du fait de l'habitude ou d'une malheureuse lassitude, mais beaucoup sont interpellés, confortés et retrouvent l'espoir dans leur cheminement chrétien par le biais du simple fait de voir des consacrés fidèles à leurs habits religieux.

Avons-nous conscience du bien que nous leur apporterions si nous savions prendre du recul par rapport à certaines commodités à la mode et qui, en réalité, ne sont pas faites pour nous ? Comment pourrions-nous les conseiller si publiquement nous nous comportons de la même manière ? Un discernement s'impose. Nous ne pouvons pas et nous n'avons pas le droit de ramener notre vocation et le mode de vie qu'elle requiert à un ensemble de convenances sociales de bon ton[6]. Nous nous tromperions gravement sur la nature et la vraie portée de notre mission : ce n'est pas l'Évangile qui doit être conformé à nos façons de vivre ; ce serait le déformer et même ne pas l'accueillir pour ce qu'il est vraiment, c'est-à-dire la Parole de Dieu. C'est plutôt nos façons de vivre qui doivent être conformées à l'Évangile ; c'est cela les transformer en les ouvrant à la lumière, à la pureté et à la sainteté de la Parole de Dieu. Bien-sûr, il n'existe pas dans la Bible, la description d'un code vestimentaire pour le consacré, mais il est mentionné que celui qui est appelé à assumer la charge de pasteur doit être irréprochable à tous égards (cf. 1Tm 3, 2).

En vérité, en vertu de ma petite expérience de la vie consacrée, je puis oser dire qu'il est parfois plus aisé pour l'homme ou la femme de Dieu d'exercer son rôle prophétique auprès des fidèles laïcs qu'auprès de ses confrères ou consœurs consacrés. Il est plus aisé pour un prêtre, un religieux ou une religieuse de se refuser au conformisme et de le dénoncer quand il provient du mode de vie des laïcs plutôt que quand il est issu des cercles de la vie consacrée. Le simple fait de s'en garder

[6] Cf. T. MERTON, *Vie et sainteté*, Paris, Seuil, 1966, p. 23.

pour vivre selon ses convictions personnelles de ce que le consacré doit être lui vaudrait, au mieux, des railleries et des commentaires sarcastiques. Au pire, il pourrait être taxé d'hypocrite et même subir des accusations de tous genres en vue de le décrédibiliser et le déstabiliser. Qu'il s'hasarde à essayer une quelconque dénonciation, et il se mettrait même des autorités de sa famille religieuse à dos. Combien n'ont pas été combattus jusqu'à être « détruits aux yeux des hommes » ? Combien n'ont pas fini par tomber, malgré eux, dans la médiocrité ambiante de nos communautés et familles religieuses ? Combien n'ont pas quitté la vie religieuse ou sacerdotale, amers et dépités ? Combien n'y ont pas perdu la foi alors qu'ils y étaient entrés au nom de leur foi et en vue de la vivre d'une façon plus intime ? Mais au fur et à mesure qu'ils avançaient, le visage de Dieu qu'ils ont rencontré dans leurs propres frères ou sœurs consacrés n'a cessé de s'assombrir.

Souvent dans nos causeries, et sur un ton d'amusement, nous aimons dire que les prêtres, les religieux et les religieuses seront plus sévèrement jugés au dernier jour par rapport aux autres membres du peuple de Dieu. Je me garde de dramatiser, mais ce n'est peut-être pas une parole que nous devrions prendre à la légère. Nous gagnerions à la prendre au sérieux et à en mesurer toute la portée en fonction de la gravité de notre rôle et dans la perspective de notre salut, qui ne peut pas être dissocié de cette fonction particulière que nous avons été appelés à assumer au sein du peuple de Dieu. La parole de saint Laurent Justinien au sujet des prêtres peut bien s'appliquer à tout consacré : *« C'est une grande dignité, une charge plus grande encore ; placés sur un degré élevé, il faut aussi qu'ils s'élèvent au-dessus de la vertu ; autrement, ce n'est pas pour leur mérite, mais pour leur condamnation qu'ils sont au-dessus des autres »*[7]. Nos couvents, monastères et presbytères sont-ils encore des lieux où s'apprend la sainteté ? Nos églises et chapelles sont-elles encore maisons de Dieu, lieux privilégiés de la rencontre avec Dieu ? Et nous-mêmes, sommes-nous encore les pasteurs du troupeau, « les gardiens du Temple » ? Ne nous sommes-nous pas *transfugés*[8] en « marchands dans le temple » ?

Pour tous ces hommes et femmes de bien que nous avons découragés et brisés sur la route de la recherche de la sainteté, que nous avons laissés moribonds au bord du chemin, je prie que le Bon Pasteur les retrouve là où ils sont, loin de la bergerie. À ceux qui sont encore là, en proie à l'adversité et à toutes sortes de tentations et de pièges, mais qui croient encore et qui luttent pour tenir bon, je prie que leur moral ne s'émousse pas et que leur foi ne défaille pas. Ces épreuves peuvent aussi être la voie par laquelle Dieu veut venir et se révéler à eux, la voie par laquelle Il veut qu'ils répondent à leur vocation à la sainteté : le martyre non sanglant. Ils peuvent être ces individus insignifiants à nos yeux, mais précieux aux yeux de Dieu, et que Dieu prépare pour tenir le gouvernail de son Église, pour renouveler la face de son Église, que ce soit du fond d'un monastère,

---

[7] S. Laurent Justinien, *De instit. prael.*, c. 11.

[8] Néologisme de « transfuge » pour exprimer le fait que nous nous soyons fourvoyés, que nous ayons trahi la cause de notre vie : l'Évangile.

d'un presbytère ou d'un quelconque couvent. Nous fréquentons les saints tous les jours, sans les reconnaître. Et ces saints sont ceux qui, avec courage, refusent de se conformer au monde pour vivre plutôt en adéquation avec la volonté de Dieu.

4. Contre le conformisme et pour la conformité à la volonté de Dieu

Se garder du conformisme est certes une entreprise légitime et excellente. Mais cela ne constitue pas une fin en soi. La véritable et ultime fin poursuivie et qui, en fait, doit être au départ de cette entreprise, c'est la recherche de la volonté de Dieu, la conformité à la volonté de Dieu et aussi le salut (de soi et des autres). La volonté de Dieu est, en effet, le critère fondamental à partir duquel le consacré doit se regarder et se remettre en cause. Quand bien même certains seraient, par leur vie, de bons exemples de foi et d'aspiration à la sainteté, le moyen le plus sûr de savoir si l'on est sur le droit chemin ne consisterait pas à se comparer aux autres, mais à se mettre face à face avec Jésus qui a incarné l'accomplissement de la volonté de Dieu et de là, se regarder soi-même. Une parole est particulièrement digne d'intérêt ici : « *Quand je me regarde, je me désole. Quand je me compare, je me console* »[9].

La désolation, dans ce contexte, est le résultat d'une prise de contact avec son être intime, d'où naissent l'éveil et la prise de conscience de la vérité au sujet de soi, au regard de sa vocation à la

[9] Locution-phrase souvent attribuée à Talleyrand (1754-1838).

perfection. On découvre le chemin encore à parcourir et les ravins à combler de son existence pour espérer marcher sur les pas de l'Homme de Nazareth. Cette désolation n'est pas à assimiler au découragement, car l'examen de conscience dont il résulte a pour objectif d'aider l'homme à découvrir les défis relatifs à son salut et la nécessité de les relever à travers un effort continu. C'est même une source de motivation à s'améliorer continuellement, Jésus étant le Modèle.

Quant à la consolation qui émane de la comparaison aux autres, elle est trompeuse, fait stagner et peut même occasionner et renforcer la médiocrité. La vérité est qu'à se comparer aux autres, sur le chemin de la foi et de la sainteté, on sera tenté de se trouver meilleur alors qu'ils ne sont pas la référence de la sainteté et de la perfection. Nous sommes tous en chemin, et la volonté de Dieu révélée en Jésus et portée par Lui demeure le point focal, la destination. Ne dit-on pas dans notre acte de foi que *« Dieu ne peut ni se tromper ni nous tromper »* ? Jésus nous en a donné l'exemple et la preuve : « *Ma nourriture, c'est de faire la volonté de mon Père* » (Jn 4, 34) ; et même quand Il a senti l'imminence de la mort, la volonté de Dieu est restée le principal objet de sa prière : « *Que ce ne soit pas ma volonté qui se fasse, mais la tienne* » (Lc 22, 42). Et la volonté de Dieu, c'est que nous l'aimions Lui, et que nous aimions notre prochain comme nous-mêmes.

Ainsi, en se gardant de faire comme tout le monde et en remettant en cause l'attitude de ses frères et sœurs comme ne répondant pas à l'idéal chrétien, le consacré doit être mû, non pas par une prétention de supériorité ou de perfection, mais par un amour fraternel sincère, soucieux du témoignage que tous sont appelés à rendre au Christ ainsi que du salut auquel tous sont invités. En faisant de la sorte, il répond à sa vocation d'être « instrument de salut » pour le peuple de Dieu avec lequel il vit, car la terre nous est donnée pour apprendre à entrer dans ce salut, pour nous entraîner à l'accueillir. Cela suppose que le consacré ne se retrouve pas en train de simplement « faire son travail », son devoir, une action toute tournée vers l'extérieur, sans implication réelle de sa personne, car « *Il n'est ni le mercenaire qui travaille pour bénéficier d'une récompense temporelle, ni le fonctionnaire qui, tout en s'appliquant consciencieusement à remplir les devoirs de son emploi, pense aussi à sa carrière et à son avancement ; il est le bon soldat du Christ qui ne s'embarrasse pas dans les affaires du monde, pour plaire à celui auquel il s'est consacré* (2 Tm 2, 3.4) » (*Ad catholici sacerdotii 34*).

Être prêtre, religieux ou religieuse, n'est pas d'abord une fonction ou une profession. C'est un état de vie, c'est une manière de vivre de sorte à développer le mieux possible sa proximité avec Dieu et avec les autres ; de sorte à être signe : le signe de la présence concrète (vivante) de Dieu au milieu de sa création, le signe de sa puissance rédemptrice et de sa grandeur qui se révèle dans la fragilité de l'être humain dont il fait son « collaborateur ». Le signe n'est certainement pas l'Être lui-même, mais il doit, pour être signe, être le reflet fidèle de l'Être. Il est donc indispensable que l'attitude totale du consacré soit la résultante d'une transformation intérieure, d'une manifestation de l'emprise qu'exerce l'Esprit du Christ sur lui et la preuve d'une union profonde au Christ, son Maître et son Modèle. Autrement, il serait, au mieux, un fonctionnaire de Dieu et au pire, un bon comédien. Cela sonne comme un fardeau insupportable que l'on essaye de charger sur les épaules du consacré. Mais la vérité est qu'il n'est pas au centre de cette entreprise et tout ne dépend pas de ses efforts personnels. L'initiative vient de Dieu et sa grâce est au fondement de l'œuvre à accomplir. Les efforts du consacré, bien qu'ils doivent être à la hauteur de l'enjeu, constituent la réponse qui se veut positive à la grâce.

Ceci étant, que l'on y prenne garde ! Évangéliser, entreprendre et réussir à apporter quelque chose de différent, quelque chose de Dieu dans la vie des autres n'est pas le fait de la volonté ou de l'énergie que l'homme y met, mais de la grâce. Quant à la volonté et à l'énergie que l'on doit y investir, elles sont ordonnées à l'accueil de cette grâce que Dieu donne, car « *Toute activité fondée sur les impulsions de l'ambition humaine est illusoire, fait obstacle à la grâce, à la volonté de Dieu, et crée plus de problèmes qu'elle n'en résout* »[10]. Bien de fois, l'homme et la femme de Dieu finissent, dans ce tourbillon de l'ambition, par oublier qui ils sont, surtout quand la popularité aussi devient l'ultime objet de conquête.

---

[10] T. MERTON, Op.cit., p. 11-12.

5. Le piège de la popularité

Dans les évangiles, à plusieurs reprises, Jésus fait taire les démons qui tentent de dévoiler son identité (cf. Mc 1, 21-25/ Lc 4, 35). Même à certains malades qu'Il guérit, Il fait l'injonction de ne rien en dire à personne (cf. Mc 7, 31-36). Après la confession de Pierre à Césarée de Philippe, Il leur enjoint à tous de garder secrète son identité de Christ (cf. Mc 8, 27-29). Pourquoi Jésus tient-Il à ce que son identité ne soit dévoilée dans ces circonstances ? Je pense que l'une des raisons du secret messianique est que Jésus, certain de son identité et conscient de son mandat, ne voulait ni d'une fausse identité ni d'une fausse popularité. Il n'en avait pas besoin. Il n'avait pas besoin d'un « certificat de messianité » de la part des hommes et des femmes de son temps. Il savait qu'Il était le Messie, avec ou sans l'appréciation du public. Son Père l'avait mandaté ; cela Lui était suffisant. Le genre de renommée que l'on aurait pu Lui attribuer aurait pu falsifier son identité auprès de son audience et peut-être aurait pu aussi Le détourner de sa mission.

Dans les Actes des Apôtres, après que Paul et Barnabas avaient accompli un miracle de guérison en faveur d'un paralytique, les habitants de Lystres les prirent pour des dieux, et pas des moindres – Zeus et Hermès – et voulurent leur offrir un sacrifice (cf. Ac 14, 8-18). Les deux déchirèrent leurs vêtements en signe de consternation (14), lit-on, et réaffirmèrent leur vraie identité humaine tout en s'efforçant de tourner l'attention de leur audience vers Celui à qui elle était vraiment due : le Dieu qu'ils étaient venus annoncer et dont ils n'étaient que des mandatés humains, des instruments. Ils refusèrent une popularité indue qui, certainement leur aurait acquis honneur et prestige, d'un côté, sentiment de succès, de l'autre, pour un temps : une récompense temporaire. Mais elle leur aurait aussi conféré une fausse identité, les auraient détournés de leur mission et peut-être leur aurait coûté leur éternelle récompense. De plus, à chaque fois que l'un ou l'autre des Apôtres devait faire œuvre de miséricorde dont sa force humaine n'en avait pas la capacité, il en appelait toujours et sans ambiguïté *« au nom de Jésus le Nazaréen »* (Ac 3, 6) comme véritable auteur du signe en question.

L'attitude de Jésus – distanciation et refus sincères – face à la popularité que la masse accorde, fonde celle de ses Apôtres. Elle a été celle de nombreux consacrés au cours des siècles et elle doit continuer à l'être aujourd'hui. Le consacré, notamment le prêtre, doit veiller à ne pas tomber dans le piège de la popularité. C'est une tentation coriace à laquelle il est régulièrement confronté dans la célébration des sacrements ou dans l'exercice du ministère en général, où il peut facilement être séduit par l'idée de devenir une sorte de star, un faiseur de miracles, un sauveur. Elle est d'autant plus forte que beaucoup de chrétiens, voués à la recherche du sensationnel, finissent par constituer une source de pression pour le prêtre : pour celui à qui le Seigneur a fait le don spécial de faire des signes en son nom, la tentation est de continuellement chercher à amuser les foules vis-à-vis desquelles il se sent redevable pour chanter son nom et garder vivante sa mémoire. Il oublie ou simplement néglige le fait que Jésus lui-même a souvent refusé de se prêter au jeu de la démonstration de puissance (cf. Lc 11, 29-32) qui ne suscite ni n'augmente la foi. Il finit par éclipser l'Esprit du Seigneur qui est à l'œuvre en lui, cédant ainsi à la vanité. Pour celui en qui ce don ne se manifeste pas ou pas encore, et qui aussi se laisse gagner à l'idée de devenir plus important qu'il l'est déjà, le désir est d'y arriver par tous les moyens, acceptant même les compromissions les moins attendues d'un ministre du Christ. Il est à regretter que certaines pratiques, communes chez les pasteurs évangéliques, gagnent de plus en plus le cœur de certains prêtres catholiques, du fait de la quête de popularité et du gain qui, souvent, va avec.

Le consacré, et plus spécialement le prêtre, si seulement il avait entièrement conscience du trésor dont il est porteur, ne cèderait certainement pas à de telles envies si avilissantes. Si misérable et si peu digne qu'il soit, il porte pourtant le Christ, le Sauveur ; il est l'instrument de sa grâce. Son bonheur est de suivre le Christ et non de chercher le succès et la renommée, car le succès et la renommée ne sont pas des attributs du sacerdoce. Le prêtre n'en a donc pas besoin pour être heureux. L'essentiel, qu'il est souvent tenté d'oublier, est de rester fidèle au Christ et à l'Église. Pourtant, il existe, de nos jours, un danger réel : certains prêtres se perdent souvent à vouloir se substituer au Christ ; et là où eux grandissent de cette manière, le Christ diminue. Or, « *il faut qu'il grandisse et que je diminue* » (Jn 3, 30).

C'est une trahison ! Car le prêtre, en agissant ainsi, se rend coupable de détournement d'âmes. Il les détourne du Christ, leur Dieu,

Créateur et Sauveur, et les tourne vers lui-même, pauvre créature. C'est trop peu pour lui d'être intendant de la grâce ; alors, il s'en fait l'auteur. C'est trop peu pour lui d'être berger ; alors, il s'arroge le droit de propriété sur le troupeau. Il se fait ainsi rattraper par ce que le Cardinal Sarah appelle « *le mystère de Judas* », car « *Judas, est pour l'éternité, le nom du traître et son ombre plane aujourd'hui sur nous* »[11]. Et à chaque fois que le consacré laisse ce *« mystère de Judas »* s'exprimer en lui, il met en péril son âme.

[11] Card. R. SARAH et N. DIAT, Op.cit., p. 7.

CHAPITRE II. L'ATTENTAT À L'ÂME DU CONSACRÉ

L'âme du consacré, c'est son identité intime entièrement conférée par le Christ, et qu'il doit entretenir à chaque instant en concentrant son existence exclusivement sur le Christ. Cette identité naît du rapport spécial que Jésus établit avec celui ou celle qu'Il appelle et à qui Il confie la mission d'être un signe prophétique pour la communauté de ses frères et sœurs et pour le monde. Cette âme s'épanouit au fur et à mesure que le consacré fait du Christ le sens ultime de sa vie, au point de pouvoir dire avec l'Apôtre : « *Pour moi, vivre, c'est le Christ* ! » (Ph 1, 21) (cf. *Vita Consecrata 15*). Mais elle se flétrit et même meurt si le consacré prend l'habitude, dans son agir, de se conformer, non plus au Christ, mais à des principes étrangers à Lui, des principes précisément mondains. Un certain nombre d'évènements prouve que cet attentat à l'âme du consacré est bien réel.

1. Des faits déroutants

Il y a deux ans (le 21 Avril 2021), à la Une des nouvelles, passait la triste histoire de l'évêque élu pour le compte du diocèse de Rumbek au Soudan du Sud. Il a fait l'objet d'agression à son domicile, une agression qui aurait pu lui coûter la vie puisqu'il a reçu des balles dans les jambes. Heureusement, il a vite reçu les premiers soins avant d'être évacué vers Nairobi pour une meilleure prise en charge. Cette agression armée avait-elle pour objet de faire obstacle à sa consécration ou était-elle simplement l'expression d'une déception ? En tout cas, la consécration qui devait avoir lieu le 23 Mai 2021 eut finalement lieu le 25 Mars 2022 après que Monseigneur Carlassare (issu de la famille missionnaire des Comboniens) avait recouvré la santé.

Cependant, selon divers rapports issus des premières investigations menées par les services étatiques compétents, il ressortait, ce qui est consternant, que tout fut diligenté à la base par des prêtres et des laïcs influents issus du diocèse pour lequel Mgr Christian Carlassare a été nommé par le Saint Père. Par la suite, l'on a appris que l'origine italienne du berger de l'église famille de Dieu à Rumbek était la raison de l'attaque qui l'avait visé. Selon les rumeurs, il y avait un fort désir que l'évêque soit issu du clergé autochtone qui, lui-même, était divisé du fait que certains nourrissaient l'ambition personnelle de gravir des échelons dans la hiérarchie de l'Église. Plus tard, au rang des suspects, est apparu l'ancien administrateur du diocèse qui écopa de sept ans d'emprisonnement.

En 2017, dans le diocèse de Ahiara au Nigéria, une faction de prêtres s'était constituée et s'était ouvertement opposée à la nomination d'un évêque[12] qui, selon eux, n'était pas l'un d'eux puisqu'originaire d'un autre diocèse. Cela avait suscité une adresse forte du Saint Père pour essayer de remettre de l'ordre dans les rangs, mais sans succès. Finalement, suite à l'insistance du clergé et même

[12] Bishop Peter Ebere Okpaleke, nommé en 2012 par Benoît XVI.

du laïcat, qui avait clairement fait de cette situation une impasse, Mgr Peter Ebere Okpaleke, aujourd'hui cardinal[13], fut transféré et investi comme évêque d'Ekwulobia.

Dans un diocèse, en Afrique Centrale, des prêtres ont passé un marché avec des individus pour mettre fin aux jours de l'Ordinaire du lieu parce qu'il était lui aussi "parachuté" puisqu'il n'est pas prêtre diocésain, et qu'ils le trouvaient dérangeant. Et cette tentative est venue après bien d'autres qui étaient beaucoup plus discrètes. Toutes ont échoué si l'on considère leur objectif qui était d'éliminer l'évêque. Mais l'on ne reste jamais le même, qui que l'on soit, quand on se sait haï à ce point par ses premiers collaborateurs. Et l'attentat à la vie d'un de ses fils par ses propres frères constitue toujours une profonde blessure pour l'Église.

Avons-nous là des faits isolés ou plutôt le signe d'un profond malais, d'une poudrière sur laquelle l'Église serait en train de surfer ?

Dans un autre diocèse africain, sur la base de motivations purement ethnicistes/ tribales, le dossier pour l'érection d'un nouveau diocèse a été sapé pendant des années. Des débats houleux ont eu lieu, des "carrières ont été tuées" et des vocations sacrifiées. Les tentatives de dialogue ayant été infructueuses, les prêtres en faveur de la restructuration du diocèse se sont mis dans une posture de revendication. Bien pire, une sorte de haine mutuelle s'est couvée au sein du presbyterium et même au sein de certaines congrégations

[13] Il fut créé cardinal le 27 Août 2022 par le Pape François.

religieuses (où l'on trouve en grand nombre des membres des deux ethnies concernées) présentes dans le diocèse qui devait être restructuré, si jamais un autre devait en émerger.

Les raisons que l'on sait aujourd'hui, mais que l'on se garde de rendre publiques sont à rechercher, dans une certaine mesure, dans l'histoire du pays. En fait, l'ethnie majoritaire continue à nourrir le désir de maintenir sa domination sur les autres, jusque même au sein de l'Église. Ainsi, l'érection d'un nouveau diocèse qui verrait une ethnie minoritaire ne plus être sous la direction d'un pasteur de l'ethnie majoritaire, est vécue comme un choc inacceptable. Comme on peut le comprendre, ce n'est plus tant le bien du peuple de Dieu qui est à cœur, ce n'est plus faire paître le troupeau du Christ qui prévaut dans certaines prises de décisions, mais la recherche de certains intérêts personnels et même ethniques qui n'ont absolument rien d'évangélique. Ainsi, même si un pasteur ignore tout d'une bonne partie de son peuple, ou du moins même s'il n'éprouve véritablement pas d'intérêt sinon celui de se savoir en position de domination, une restructuration en vue d'un meilleur service ne doit être envisagée, à moins que cela serve sa mainmise incontestée. Un tel état de fait ne peut et ne doit être toléré, car il constitue une trahison contre le Christ, Époux de l'Église qui fait l'objet d'une prise d'otage par ceux-là même qui en sont les fils et les pasteurs.

De plus, il y a une dizaine d'années de cela, un pays africain était en proie à une guerre civile suite à un imbroglio électoral aux couleurs tribales ou nationalistes. La guerre déjà déclenchée, le seul espoir qui restait était qu'elle ne perdure pas, et beaucoup (catholiques comme fidèles d'autres dénominations religieuses) ont attendu avec impatience la réaction de la Conférence épiscopale. Avec raison, on s'en remettait aux pères évêques dans l'espoir d'une médiation et d'un dialogue qui verraient le retour à la paix, tant l'Église s'est souvent illustrée par sa sagesse. Malheureusement, certains membres de cette conférence se sont aussi laissé prendre dans le piège de la partisanerie politique et du groupement ethnique. En conséquence, la guerre n'a pris fin qu'avec la victoire du camp le plus fort ou cruel, devrait-on dire, laissant derrière des milliers de morts, un tissu social déchiré, un pays à reconstruire et une église discréditée.

Dans certains diocèses, au sein du même presbyterium ou de la même congrégation religieuse, la fraternité dont nous faisons tous la promesse solennelle ou qui, du moins, est sous-entendue comme un engagement préalable pour la vie que nous allons désormais vivre ensemble, semble devenir un concept de plus en plus vide. La formation de clans sur la base de l'appartenance ethnique, régionale ou nationale domine les relations interpersonnelles et la formation du leadership dans bien de diocèses et de congrégations.

Dans certaines congrégations missionnaires, on a bénéficié d'un riche héritage et d'un exemple de détachement et de sacrifice pour la mission. Aux premiers missionnaires, malgré tout ce qu'ils ont eu comme limites humaines, nous devons tout de même reconnaître le mérite de nous avoir bien tracé le chemin pour avoir considéré leurs terres de mission comme leurs patries, leur « *home* ». Leurs cœurs battaient au rythme des circonstances ambiantes du milieu ; le but de leur vie et de leur présence était d'apporter et de planter l'arbre de la Bonne Nouvelle, de toutes les manières possibles, dans le monde africain auquel ils voulaient donner ce qu'ils avaient de mieux : le Christ crucifié et ressuscité. Pour les premières caravanes des missionnaires d'Afrique, par exemple, étant donné le caractère un peu rudimentaire des moyens de transport du moment, l'hostilité propre à l'environnement qui leur était certainement nouveau et les difficultés inhérentes à la nouveauté de l'annonce dont ils étaient chargés, le cardinal Lavigerie prenait le soin de marquer leur ordre de mission de ce qu'il appelait « *visum pro martyrio* », *visa pour le martyre.* Il entendait leur faire prendre la vraie mesure de leur engagement volontaire, car il savait et il tenait à leur faire savoir qu'il y a beaucoup de chance qu'aucun d'eux ne survive jusqu'à retourner dans sa patrie d'origine. Ainsi, leurs terres de mission n'étaient pas que pour la mission : leur existence entière y était désormais liée et c'est ainsi qu'ils essayaient de vivre.

Aujourd'hui, dans certaines de ces mêmes congrégations, on doit reconnaître, avec regret, que ce sentiment d'appartenance est en train de s'effriter. Bon nombre de jeunes missionnaires se contentent « du service minimum » dans leurs pays de mission et sont plus préoccupés par ce que font leurs confrères dans leurs pays d'origine. Comme il faut s'y attendre, lors des consultations ou élections en vue de la constitution des équipes dirigeantes, la tendance est toujours de faire campagne pour des confrères issus de « notre » région, « notre » province ou pays d'origine, comme pour dire : « ils sauront protéger nos intérêts ». Mais quel est l'intérêt du missionnaire ? Quelle est sa vraie part d'héritage et sa coupe, si ce n'est l'œuvre missionnaire à laquelle le Seigneur a daigné l'associer ? Cette façon d'opérer se fait souvent au détriment de bien d'autres services que ces confrères sont évidemment qualifiés à rendre à la congrégation et à l'Église. Des calculs qui, il faut oser le dire, ne sont pas vraiment ordonnés à l'accomplissement de la mission. Et bien que nous sentions et sachions qu'une telle pratique, de plus en plus courante, est en profond désaccord avec notre fibre missionnaire, nous nous y laissons entraîner. En conséquence, l'engagement missionnaire en prend un coup et le glissement de missionnaire à mercenaire est à redouter. Il est donc nécessaire de s'interroger sur l'identité (authenticité) et le sens missionnaires aujourd'hui.

De ces quelques cas de pratiques ou de malaises qui ternissent l'image de l'Église et qui remettent en question la sainteté de la vie consacrée, quelques sérieux revers peuvent être relevés : la violence et la haine grandissantes dans les cœurs des hommes et femmes de Dieu ; l'échec d'inculturation du message central de l'Évangile et la perte progressive du sens de la consécration religieuse. Tous ont comme effet une atteinte portée à l'âme même du consacré.

2. L'impossible alliage entre la vie consacrée et la violence

Il n'est nul besoin de chercher à le démontrer, le consacré n'est pas immunisé contre les faiblesses communes à tout humain, même si du fait de sa consécration et de la conscience qu'il doit avoir de sa place et de son rôle dans la société, il est supposé se hisser au-dessus de certaines inclinations. J'en suis convaincu, notre consécration offre de la valeur ajoutée à notre humanité. Elle l'élève davantage et la rapproche de la sainteté qui est la vocation de tout homme, puisque nous devons chercher à reproduire en nous-mêmes, dans la mesure du possible, *« la forme de vie que le Fils de Dieu a prise en entrant dans le monde »* (*Vita Consecrata 16*), lui, *« le Modèle dans lequel toute vertu atteint la perfection »* (*Vita Consecrata 18*). Cet appel et cette disponibilité à se configurer au Christ font de nous « des personnes *christiformes*, prolongement dans l'histoire d'une présence spéciale du Seigneur ressuscité » (*Vita Consecrata* 19). Ce n'est donc pas par fantaisie qu'être consacré signifie être « mis à part ».

On est mis à part pour servir Dieu en étant aussi un exemple de sainteté et de perfection pour les autres à travers nos choix quotidiens. Nos contemporains de tous bords, je pense, savent quelque chose des forces et des faiblesses des consacrés puisque les principaux concernés ne s'enferment pas dans leurs couvents et les couvents ne sont pas non plus interdits d'accès aux non-consacrés. Bien plus, les consacrés sont tous issus de familles humaines. Et je puis oser penser que le monde a appris à s'accommoder de certaines de nos erreurs et à les tolérer. Mais je ne suis pas sûr que la conscience sociale soit apprêtée à s'accommoder de la violence ou du crime, pour ainsi dire, de la part des hommes et des femmes de Dieu. Déjà, du fait d'être humains, la violence est une donnée qui ne va pas de pair avec notre être intime, qui heurte toute conscience vraiment humaine et qui n'apporte pas de réponses à notre désir ultime de bien-être. Transposée dans la sphère religieuse, notamment chrétienne, elle est contre-évangélique. Qu'elle soit couvée, commanditée ou perpétrée par les bergers à qui le Christ a confié son troupeau est un scandale dont les effets dévastateurs peuvent aller jusqu'à "traumatiser" et à éloigner certains de l'Église. En effet, que deviendrait le monde si les porteurs du message de paix et d'amour faisaient eux-mêmes choix de la violence pour parvenir à leurs fins et communiaient à l'autel de la haine et du crime ? Si le consacré a reçu l'appel spécifique d'être un récit de Dieu pour son temps, et qu'il se trouve empêtré dans des intrigues de nature violente et criminelle, que serait-il en train de dire du Dieu dont il est serviteur ?

Jusqu'à preuve du contraire, le Dieu de Jésus-Christ, au cours de l'histoire du salut, ne s'est jamais révélé comme un Dieu usant de la violence ou qui l'aurait cautionnée pour quelque raison que ce soit. Pour paraphraser le psalmiste, il n'est pas un Dieu ami du mal ; chez lui, le méchant n'est pas reçu. L'homme de ruse et de sang, le Seigneur le hait (cf. Ps 5, 5.7). Par contre, on sait de Lui qu'Il a toujours eu à cœur le salut de l'homme, sa créature. Mais étant donné l'infidélité de ce dernier, tendresse et fermeté, amour et châtiment ont souvent marqué la réponse de Dieu à cette infidélité, tout en étant toujours ordonnés au but ultime. On sait aussi qu'au lieu d'être instigateurs de la violence, des consacrés l'ont souvent subie à l'exemple de leur Maître, alors qu'ils luttaient pour la paix, la justice et pour plus de fraternité. Saint Oscar Romero a payé de sa vie pour avoir pris la défense des pauvres qui luttaient pour leurs droits face à un gouvernement oppresseur, au Salvador en Amérique Centrale. Le Saint pape Jean-Paul II, jusqu'à sa mort, a porté en lui les séquelles d'une tentative d'assassinat dont il avait fait l'objet pour avoir dénoncé un communisme violent qui ravageait la Pologne de même que d'autres pays de la région. Même de nos jours, certains évêques, prêtres, religieux et religieuses en Afrique et dans bien d'autres contrées sont vilipendés, et on attente même à la vie d'autres en vue de les museler face à la corruption, au clientélisme, aux dictatures et à la culture du crime, qui font ravages dans bien de nos pays. Tel est le chemin sur lequel Jésus, notre Seigneur et Maître, a marché. C'est aussi le chemin sur lequel Il nous attend.

Je crois qu'il n'y a pas d'alliage possible entre la vie consacrée et la violence ou la haine sans que l'on n'ait sacrifié son âme de consacré. Rappelons-nous l'attitude de Jésus sur le chemin de Jérusalem alors qu'il traversait un village samaritain avec ses disciples. On ne le reçut pas parce qu'Il faisait route vers Jérusalem, relate Luc 9, 53. Et les fils de Zébédée, pour laver cet affront, étaient prêts à faire descendre la foudre sur eux pour les détruire. Mais Jésus les réprimanda et ils poursuivirent leur route vers un autre village (cf. Lc 9, 54-56). Rien ne peut justifier le recours à la violence pour le consacré, pas même pour s'en protéger quand la raison de sa victimisation est la défense d'une juste cause. Le consacré doit être bon ; il doit être un homme ou une femme de bien simplement. Mais à chaque fois que des consacrés se rendent coupables d'actes de violence ou de haine surtout dans la sphère publique, ils offrent de la vie consacrée une image au rabais et jettent le discrédit sur l'Évangile qui en est le fondement. Ils défigurent le visage du Christ, Prince de la paix et écorchent la renommée de l'Église, garante de la paix que le Christ a acquise au monde sur la Croix. Serait-ce une exagération si l'on pense, avec inquiétude, que « *Certains hommes de Dieu sont devenus des agents du Mauvais* » [14]? Une telle attitude n'est pas moins indigne de la vie consacrée que le drame du tribalisme (ou ethnicisme). Or, sans cette fraternité qui transcende ces barrières, la vie consacrée perd, non seulement de sa beauté, mais aussi de sa vérité.

3. Le consacré, messager de la fraternité libérée

« Vous tous, qui avez été baptisés en Christ, vous avez revêtu Christ. Il n'y a plus ni Juif ni Grec, il n'y a plus ni esclave ni homme libre, il n'y a plus ni homme ni femme ; car tous vous êtes un en Jésus-Christ » (Ga 3, 27-28).

Le baptême, c'est le baptême du Christ. Ceux qui le reçoivent naissent dans le Christ et appartiennent au Christ. Et puisque le Christ est venu pour rassembler dans l'unité les enfants de Dieu dispersés (cf. Jn 11, 52), tous les baptisés, sans ignorer leurs origines socio-culturelles, ne font plus qu'un en Lui. En effet, dans le Christ et dans son Église, il n'y a ni négligence ni négation de la diversité originaire ;

---

[14] Card. R. SARAH et N. DIAT, Op.cit., p.6.

il n'y a pas non plus de fusion des individualités culturelles dans un tout morbide. Cependant, puisque dans le Christ l'humanité a été assumée, les chrétiens sont appelés, tout en s'ancrant solidement dans leurs origines, à se hisser avec elles pour assumer leur nouvelle identité d'enfants de Dieu. En d'autres termes, les barrières naturelles fondées sur la race, l'ethnie, la région et le pays d'origine doivent céder le pas à un élan enthousiaste vers l'union dans le Christ. C'est un cheminement qui doit se faire d'abord dans les cœurs avec comme fondement l'amour qui est le message central de l'Évangile : il dissipe la peur et la haine ; il entraine à risquer la rencontre avec l'autre non pas dans un désir de mépris ou de domination, mais dans un élan de fraternité.

Cette ouverture joyeuse, mon expérience personnelle de missionnaire m'a permis d'en mesurer la richesse, de connaître la joie et la paix qu'elle procure quand elle dicte l'élan des cœurs et des esprits. C'est du moins le message dont les consacrés sont porteurs : la fraternité libérée. C'est aussi en cela que se trouvent et que l'on reconnaît la vérité et la force de la vie consacrée. Si jamais nous devrions parvenir encore à « séduire » le monde avec l'idée de Dieu et de la vie consacrée, j'ai l'intime conviction que dans la fraternité vraiment vécue, nous tenons un moyen de taille.

J'insiste sur l'expression « fraternité libérée » parce que, d'une manière ou d'une autre, il apparaît que nous sommes encore esclaves de nos origines (ethnies, régions, pays, etc.) alors que le Christ est venu nous rendre libres. À travers la fondation d'églises locales (diocèses), de congrégations locales et internationales pour la diffusion de la Bonne Nouvelle, l'Église, en perpétuant la tradition apostolique de la constitution de communautés chrétiennes, a planté les graines de la fraternité chrétienne ou évangélique. Ainsi, c'est le Christ ou l'Évangile qui doit, pour ainsi dire, constituer le nouvel arbre généalogique de l'humanité et surtout des chrétiens, car en Lui, naît une famille aux liens plus forts que ceux de la famille de sang : la famille chrétienne. Cette famille est fondée dans l'Esprit du Christ : « *Qui est ma mère, et qui sont mes frères ?* » (Mt 12, 48). À travers cette question, le Christ informe tous ses disciples que sont les chrétiens, que la recherche de la volonté de Dieu et sa pratique constituent les vrais critères/conditions d'adhésion à sa famille. En même temps, la volonté de Dieu étant que cette famille soit le lieu de salut pour ses membres, le Christ exige de tous les chrétiens qu'ils soient unis par les mêmes liens d'affection fraternelle.

Cette exigence s'impose avec plus de force aux consacrés qui, comme les apôtres, doivent servir de guides et d'exemples au reste du peuple de Dieu. Nos groupes ethniques, nos régions et pays d'origines ne doivent pas, comme c'est malheureusement le cas dans certains diocèses et familles religieuses et dans certaines situations, prévaloir dans nos relations interpersonnelles, communautaires et même dans la répartition des responsabilités. Tant que nous ne serons pas libres de ces attachements indus, il n'y aura vraiment pas de relations de confiance. Et là où il n'y a pas de confiance, il ne peut y avoir de fraternité vraie.

Cela explique, en partie, le désir d'autonomie des régions ou provinces pour laquelle luttent les membres de certaines congrégations, de même que la restructuration de certains diocèses. Ainsi, des consacrés se trouvent à l'origine de la division et de la destruction des liens fondamentaux de la famille dont ils sont supposés être les garants. Il est à craindre que nous cédions progressivement, si cela n'est déjà consommé, à l'esprit du monde plutôt que de cheminer conformément à l'Esprit du Christ. Notre appel est un appel à l'unité et il est indispensable que nous prenions au sérieux et relevions, d'abord dans nos diocèses et familles religieuses, le défi lancé par le Concile Vatican II dans sa définition de l'Église et de sa mission : « *Comme de plus, de par sa mission et sa nature, l'Église n'est liée à aucune forme particulière de culture, ni à aucun système politique, économique ou social, par cette universalité même, l'Église peut être un lien très étroit entre les différentes communautés humaines et entre les différentes nations, (...).C'est pourquoi l'Église avertit ses fils, et même tous les hommes, qu'il leur faut dépasser, dans cet esprit de la famille des enfants de Dieu, toutes les dissensions entre nations et entre races et consolider de l'intérieur les légitimes associations humaines* » (GS 42).

Outre le danger de la dissension dont il se rend parfois coupable au sein de la famille de Dieu, le consacré doit se garder de mal comprendre sa liberté personnelle.

4. La liberté du consacré et ses limites propres

Le Grand Robert de la langue Française (version électronique de 2005) définit la liberté comme « *la possibilité, le pouvoir d'agir sans contrainte* ». Mais il n'en reste pas là ; il poursuit en précisant qu'elle peut se comprendre aussi comme le *« pouvoir d'agir, au sein d'une société organisée, selon sa propre détermination, dans la limite de règles définies* ». Cette deuxième approche de la liberté semble plus complète et plus constructive du sens de la responsabilité personnelle, car des règles clairement définies ou sous-entendues, il y en a dans bien des circonstances de la vie. Il est nécessaire de les observer d'une part, pour préserver et assurer l'ordre social ou le bien-être commun; d'autre part, leur observation garantit la cohérence morale et même spirituelle entre les choix personnels et la conduite réelle que ceux-ci requièrent.

Ceci nous paraît assez vrai pour le consacré, lui qui répond à l'appel de Dieu à travers son engagement, mais plus encore à travers sa vie ou sa conduite de tous les jours. Car en plus des activités inhérentes à son statut, c'est surtout par sa vie qu'il doit irradier la grandeur et la sainteté de Dieu autour de lui. Dans ce contexte, sa liberté ne peut être bien comprise que par rapport aux règles justes établies ou sous-entendues inhérentes à la vie consacrée ; ces « règles » ont pour fondement la volonté de Dieu et pour objectif de donner au consacré les moyens nécessaires de répondre effectivement à sa vocation. De ce point de vue, sa liberté doit être responsable.

En vérité, la réponse du consacré à l'appel de Dieu est un choix vraiment libre et personnel. Mais c'est un choix qui n'est jamais individuel et il n'a rien d'individuel, car à partir du moment où il prononce son oui, le consacré fait son entrée ou du moins est assumé dans une communauté qui le précède, la grande communauté des consacrés. Et le véritable responsable de cette communauté n'est ni le pape, ni les différents supérieurs hiérarchiques auxquels il doit obéissance filiale et coopération. Il s'agit du Christ Jésus lui-même. C'est pourquoi la vraie et unique mesure de la liberté du consacré est une vie en adéquation avec son état, en adéquation avec les valeurs mêmes qui fondent et animent sa communauté, en adéquation avec la vie et l'enseignement de Jésus, qu'il soit en public ou dans la plus grande discrétion des circonstances dans lesquelles il se retrouve.

Il n'est cependant pas très rare aujourd'hui de rencontrer des consacrés ou d'être témoin de circonstances où des consacrés sont convaincus que leurs frères et sœurs empiètent sur leur liberté lorsqu'ils essayent de raisonner avec eux et de les ramener sur le droit chemin quand ils s'éloignent évidemment de la voie de la sainteté. C'est une illusion de liberté, c'est une dérive, c'est même un signe de perdition pour le consacré que de se croire libre de mener une vie ou d'opérer des choix qui sont objectivement en désaccord avec son engagement. De telles revendications de la liberté assomment le sens du discernement et de la responsabilité dans le consacré et l'exposent à de vrais dangers ; elles ruinent sa relation interpersonnelle avec les autres consacrés (notamment en communauté) et rendent difficile l'exercice de l'autorité pour ses supérieurs envers lui.

Par exemple, le consacré ne peut pas être libre de mener une vie dissolue ; il ne peut pas être libre de ne pas prier ; il ne peut pas être libre d'obéir ou de ne pas obéir à ses supérieurs hiérarchiques quand ils prennent des décisions contraignantes, mais justes à son égard. Tout simplement, il ne peut pas être libre de porter le titre de consacré et ne pas vivre en consacré. S'il aspire honnêtement à ce type de liberté, c'est qu'il s'est égaré et il a besoin d'aide, précisément de correction fraternelle.

En effet, en plus du souci du bien commun inspiré par le devoir de justice vis-à-vis de la communauté, c'est l'amour fraternel pour le confrère ou la consœur qui doit nous obliger à lui rappeler, d'une part, que ce type de liberté ne le rapproche ni de ses frères et sœurs ni de Dieu, et d'autre part, que cette façon de vivre sa liberté ne le rend vraiment pas libre et ne libère pas non plus les gens autour de lui. D'où que la correction fraternelle est une sorte d'aumône spirituelle inspirée par la charité pour venir en aide à un frère ou à une sœur en état de péché ou pour l'en garder[15]. Ce n'est donc pas la colère ou la frustration qui doit s'exprimer, mais la charité fraternelle. Mais s'il s'obstine dans ses errements et refuse l'aide du redressement, la seule aide possible serait-elle celle de le "libérer" de son engagement et de son statut de consacré ? Peut-être ; car autant l'on doit être solidaire et

[15] Cf. St Thomas d'Aquin, *Somme Théologique*, Partie II, Question 32, De l'aumône.

charitable, autant l'on doit être vrai et rigoureux. C'est aussi cela la fraternité.

Quelque part, si l'Église fait face à une crise de la vie consacrée ainsi qu'à une vague de contestations liées à des scandales qui la secouent, ce n'est certainement pas parce que tous les consacrés ont commis des erreurs de cet ordre, mais c'est parce que certains (peut-être un nombre insignifiant par rapport à l'ensemble) les ont commises et d'autres les ont tolérées ou n'ont rien fait du tout pour qu'elles ne se reproduisent pas.

Au regard de cet état de fait, on peut être tenté de se laisser prendre par la vague hargneuse des médias qui n'hésitent pas à faire feu de tout bois pour vilipender tous les consacrés et l'Église avec. Ces fautes, ces écarts de comportements ci-haut mentionnés sont le fait de quelques-uns. Il faut les considérer et les garder dans leur vraie proportion. Pourquoi ai-je le sentiment de plus en plus fort que le monde a peur de l'Église, qu'il a peur des consacrés ? Nous donc, n'ayons pas peur ! Ne cédons pas au découragement ! Avec le cardinal Sarah, je veux dire à tous les prêtres, à toutes les religieuses et à tous les religieux : restons forts et droits. Certes, à cause de quelques-uns d'entre nous, nous serons tous étiquetés comme hypocrites et avides de pouvoir. On traînera dans la boue l'Église catholique notre Mère. Que notre cœur ne se trouble pas. Restons sereins et confiants comme la Vierge Marie et Saint Jean aux pieds de la Croix[16]. C'est un impératif absolu que nous devons porter dans l'espérance.

---

[16] Cf. Card. R. SARAH et N. DIAT, Op.cit., p. 8.

CHAPITRE III. PORTEUR D'ESPÉRANCE

Avant et même pendant le ministère public de Jésus, les scribes et les pharisiens étaient les maîtres reconnus de la Loi, enseignant dans la chair de Moïse. Ils étaient tenus en grande estime, mais aussi craints. En tant que seuls dépositaires du savoir, ils en étaient arrivés à éprouver du dédain pour les gens ordinaires qui ne savaient que ce qui leur était donné de savoir et qui éprouvaient beaucoup de difficultés à appréhender et à observer scrupuleusement la Loi. D'ailleurs, ces ramifications complexes de la Loi constituaient, pour eux, une source de découragement tant ils se sentaient loin de Dieu du fait de leur échec. Cependant, à entendre Jésus et à passer du temps avec lui, un vent d'espérance a soufflé sur ces assoiffés de Dieu. Jésus leur a découvert la proximité de Dieu et son vrai visage, un visage aimant et miséricordieux. C'est cette proximité de Dieu et ce visage que le consacré doit travailler à faire voir et contempler.

1. Pauvre pour combattre la pauvreté

Pour l'homme et la femme de Dieu, il n'est pas possible de vivre au milieu des pauvres, sans être révolté par le mal de la pauvreté, car c'est pour les pauvres qu'il est consacré et c'est à eux qu'il est envoyé en premier. Au lieu de se sentir mal à l'aise devant le pauvre, que peut-être il aurait aimé ne pas rencontrer, c'est le fait de la pauvreté qui doit mettre le consacré mal à l'aise. Et quand on est mis mal à l'aise par une réalité, au moins deux réactions sont possibles : l'une est de s'en éloigner ou d'adopter la politique de l'autruche, et l'autre est de l'affronter pour essayer de l'éradiquer. Pour le consacré face à la pauvreté qui défigure l'homme, il n'y a vraiment pas de choix à faire. L'unique option disponible et qui fait partie de la réponse qu'il doit à l'appel du Christ est de l'affronter.

Le consacré choisit donc la pauvreté pour s'identifier au Christ et s'associer avec ceux qui subissent la pauvreté pour la connaître et la combattre. C'est ainsi que les religieux prononcent des vœux parmi lesquels le vœu de pauvreté. D'autres instituts ou congrégations, sans l'identifier par la même nomenclature, promettent et jurent d'observer ce conseil évangélique. Mais, connaissons-nous vraiment la pauvreté ? À la suite de la Sr Emmanuelle[17], j'ai la forte impression que la pauvreté ou encore « le style de vie simple », comme nous le préférons dans notre Société[18], devient de plus en plus symbolique, idéelle. La compréhension que l'on en fait est devenue très relative ; un relativisme qui la rend presqu'inutile. Par exemple, je ne perçois pas de salaire, mais la Société prend soin de moi : ma nourriture quotidienne est assurée. Alors que certains meurent de faim par manque, moi il m'arrive de me priver de nourriture quand bien même il y en a et sans que cela ne soit pour une raison spirituelle. Chaque mois, j'ai droit à une allocation avec laquelle je satisfais à certains besoins (habillement, chaussures, savon, famille, apostolat, etc.). Quand je suis malade, je n'ai aucune inquiétude quant aux dépenses que cela pourrait occasionner, car la Société m'a offert une assurance-

[17] Cf. Sœur Emmanuelle, *Le paradis, c'est les autres*, Paris, Flammarion, 1995, p. 73-74.

[18] Société des Missionnaires d'Afrique (Pères Blancs).

Santé et je bénéficie toujours des soins nécessaires dans le meilleur hôpital dès qu'il est accessible. Mais, la plupart du temps, lorsqu'un moins privilégié que moi sollicite ma générosité, je ne puis au préalable m'empêcher de penser à ma famille et même à d'autres besoins (que je crée parce que j'en ai les moyens) avant de considérer sa supplication. Pourtant, consacré, c'est ce que je suis, c'est ce que beaucoup comme moi, ont été, sont et seront. La vocation sacerdotale que nous tenons du Christ ainsi que notre consécration peuvent-elles aller de pair avec cette façon de vivre la pauvreté ? Si riche qu'il était, il a pris notre pauvreté pour nous ouvrir à sa richesse et nous en combler. Le consacré, appelé à devenir *pain rompu pour les autres*, peut-il tourner le dos au pauvre sans se soustraire à un de ses devoirs fondamentaux ?

2. Disciple de Jésus-Christ

L'expression « de Jésus-Christ » est essentielle. Elle me pousse à penser à la figure du consacré révélée et revêtue par le Christ, qu'Il a laissée comme paradigme, comme modèle et même comme source normative pour tout consacré qui se réclame de Lui. Prêtre par excellence – Il n'avait pourtant rien de sacerdotal dans la société juive dont Il est issu – les évangélistes offrent de Lui, le portrait d'un homme à la simplicité *scandalisante* : tout Dieu qu'Il était – Il en avait conscience – Il a renoncé à la grandeur extérieure qui occasionnerait un clivage entre Lui et les plus « petits », pour n'user que de la grandeur du cœur. C'était aussi un homme qui, tout en étant capable de tout s'offrir pour son bien-être personnel, savait s'en passer. Ses miracles – la multiplication des pains, les multiples guérisons, etc. – n'étaient ordonnés à satisfaire ni un besoin de gloire ni les nécessités naturelles auxquelles Il était sujet. Les bénéficiaires de ses œuvres étaient moins des gens de son entourage que des inconnus dont son cœur a ressenti la vulnérabilité, la peine et la misère.

En outre, sa compagnie quotidienne était essentiellement constituée de gens simples qu'Il allait rencontrer aux marges de la société pour les restaurer dans leur dignité de personnes créées à l'image de Dieu, et qui méritent d'être aimées et respectées. On peut en dire davantage au sujet de la pauvreté telle que l'a vécue Jésus-Christ en guise d'exemple pour ses disciples. Mais ces quelques traits mentionnés suffiraient à questionner notre manière de vivre la pauvreté religieuse aujourd'hui et de l'orienter à la lumière de la manière de Jésus, l'homme de Nazareth et le maître de nos vies. Notre pauvreté doit donc être christique.

La pauvreté du Christ a su prendre avec elle la condition réelle des pauvres de son temps, dont faisaient partie les nécessiteux matériels, les malades, les « sans relation », les veuves, les orphelins, etc. Elle comprenait et se laissait envahir par leur vulnérabilité, leur fragilité, leur désespoir, leur insécurité et leur peur du lendemain. Elle savait reconnaître la vraie pauvreté, le vrai manque propre à chaque catégorie de personne et comment les satisfaire. Qui d'autre que Lui pouvait être *leur part d'héritage et leur coupe* (cf. Ps 16, 5) ?

C'est avec beaucoup de joie spirituelle que j'ai parcouru le livre de Mgr René Fourrey sur le Curé d'Ars. Le témoignage des fidèles chrétiens de tous bords force simplement l'admiration pour lui. Il n'avait pas de grandes possessions auxquelles il avait renoncé ou qu'il s'était mis à distribuer à ceux qui venaient à lui. Néanmoins, c'était un homme qui savait dompter sa faim à lui pour calmer celle de l'orphelin. Mieux, même quand il n'avait "rien", il avait une attitude qui, face à son impuissance matérielle, disait tout son amour fraternel et partant, l'amour de Dieu dont il est serviteur. Pauvre intellectuellement et matériellement, il était riche de Dieu et avait su être une chance pour ceux qui venaient à sa rencontre. Il ne s'agissait pas que d'un simple soulagement psychologique qu'il offrait, car ce dernier peut facilement verser dans l'illusion. Lui, parvenait à réellement toucher le cœur de son prochain par sa disponibilité et sa fraternité sans gants. Ce n'est donc pas anodin qu'il ait été désigné comme saint patron des prêtres. Historiquement et culturellement, il existe certainement de fortes différences entre lui et nous, mais le Christ Jésus demeure le même. À le contempler, Il nous indiquera toujours, indépendamment de notre contexte, la manière convenable et évangélique de prendre soin de ses brebis et de vivre la pauvreté dans l'aujourd'hui de notre temps.

Normalement, après chaque rencontre avec le consacré, le pauvre devrait arriver à dire : aujourd'hui fut un bon jour ; demain sera certainement meilleur. Quand bien même, il ne serait sincèrement pas en mesure de procurer une aide matérielle ou financière, la disponibilité, la simplicité et la joie avec lesquelles le consacré accueille quiconque frappe à sa porte devraient lui permettre de faire briller le visage le plus sombre, d'apaiser le cœur le plus meurtri, et de mettre un sourire d'espérance sur les lèvres les plus asséchées. La vocation du consacré, je le crois, c'est aussi celle d'être une chance pour les autres, partout où il est et passe.

3. Donner pour répondre positivement à la générosité de Dieu

Aujourd'hui, beaucoup de prêtres et de religieux sont des gens fortunés. En soi, cela n'est pas du tout incohérent ou contrastant avec leur vocation, pourvu que la manière dont ils s'y sont pris pour se procurer leur fortune ne soit en porte-à-faux ni avec leur identité ni avec l'Évangile ; pourvu que ces moyens servent à l'apostolat et à l'assomption de certaines responsabilités légitimes ; pourvu que leur acquisition ne vide pas le consacré de sa véritable richesse : Dieu.

Le 28 Juin 2022, un prêtre du diocèse de Zomba (Malawi) a été condamné à trente ans de prison avec travaux forcés pour complicité dans l'enlèvement et le meurtre d'un jeune homme atteint d'albinisme. Les conclusions des investigations judiciaires laissent entendre que le projet de l'homme de Dieu et de ses onze compères était purement financier puisque certaines parties du corps des personnes atteintes d'albinisme sont recherchées dans certains cercles occultes. On peut imaginer le choc que cela a provoqué dans la sphère publique, dans l'Église et dans la vie des chrétiens.

C'est peut-être trop dire, mais je pense que nombre de consacrés se vident de plus en plus de Dieu pour s'emplir de vanités ; beaucoup renoncent à un trésor inestimable que l'on ne peut jamais mériter pour se perdre dans la quête de bagatelles ; beaucoup finissent par oublier qui ils sont et se confondent gravement avec *tout le monde*. Cela est une preuve que nous ne sommes pas tous appelés à posséder de grands biens, surtout lorsqu'il s'avère que ceux-ci nous privent ou nous éloignent de l'Essentiel, de l'Unique Nécessaire. L'auteur du livre des Proverbes ne s'était-il pas écrié : « *Mon Dieu, (...), ne m'envoie ni pauvreté ni richesse. Donne-moi seulement ce qu'il me faut pour vivre. En effet, si je suis trop riche, je peux te trahir en disant : "Qui es-tu, Seigneur ?" Et si je suis trop pauvre, je peux devenir un voleur. Alors, je ne respecterai plus le nom de Dieu* » (Pr 30, 7-9) ? Il existe certainement une variété de moyens pour échapper aux pièges de la richesse temporelle.

« *Je suis intimement convaincue que nous devons apprendre à partager. Partager, cela ne veut pas dire se dépouiller de tout (...), ni même se passer du confort que nous connaissons. Ça peut vouloir dire réduire son train de vie (...) Pour moi, le luxe est un ver qui ronge le cœur de l'homme* »[19]. Le luxe ne ronge-t-il pas le cœur du consacré ? C'est paradoxal, pour nous qui jurons de vivre pour Dieu et pour son peuple, que notre élan au partage s'amoindrisse de nos jours et que notre attachement aux possessions va grandissant au grand dam du désintéressement et de la désappropriation auxquels nous sommes

[19] Sr Emmanuelle, Op.cit., p. 74-75.

appelés. Ce désintéressement, nous rappelle le saint Père Pie XI, doit être vrai, car « *un désintéressement sincère concilie au prêtre* [et à tout consacré] *toutes les âmes, d'autant plus que ce détachement des biens de la terre, quand il provient de la force intime de la foi, est toujours accompagné de cette tendre compassion pour tous les malheureux, qui transforme le prêtre en un vrai père des pauvres, se souvenant de ces paroles touchantes du Seigneur "Tout ce que vous aurez fait aux plus petits de mes frères, c'est à moi-même que vous l'aurez fait (Mt 25, 40)" ; il voit, vénère et aime en eux Jésus-Christ lui-même avec une affection toute particulière* » (Ad catholici sacerdotii 36).

Cependant, alors que l'on est appelé à l'ouverture aux autres et qu'on en fait effectivement la promesse, l'on préfère pourtant se recroqueviller sur soi. La tentation de la cupidité infantile semble nous envahir. Or, « *La cupidité, qui est appelée par le Saint-Esprit la racine de tous les vices (1 Tm 6, 10), peut entraîner à n'importe quelle faute ; et même s'il ne va pas si loin, un prêtre* [ainsi que tout consacré] *atteint d'un pareil vice, consciemment ou inconsciemment, fait cause commune avec les ennemis de Dieu et de l'Église et coopère à leurs desseins iniques* » (Ad catholici sacerdotii 36).

Il n'y a aucun doute, pour moi, sur la légitimité et même la sainteté du devoir matériel du consacré vis-à-vis de sa famille et de ses proches. Mais il y a lieu de se rappeler qu'en répondant à l'appel du Christ pour le Royaume, on renonce à vivre pour soi-même et pour ceux-là sus-mentionnés : « *Si quelqu'un vient à moi sans haïr son père, sa mère, sa femme, ses enfants, ses frères, ses sœurs, et jusqu'à sa propre vie, il ne peut être mon disciple* » (Lc 14, 26). Ainsi, le Christ exhorte vivement le consacré au détachement vis-à-vis des biens matériels et même des personnes qui lui sont chères de sorte qu'il n'ait plus rien ni personne à qui il s'accrocherait au point de perdre de vue la mission qui lui est confiée. De la sorte, le Christ et sa mission deviendront son point focal et la source de sa joie. Pour joindre l'acte à la parole ou du moins pour préparer cet enseignement choquant (son comportement était premier par rapport à sa parole), le Christ Lui-même n'avait pratiquement rien en-dehors de son manteau et de ses sandales. Il n'avait personne à qui s'attacher au point d'être détourné du plan de salut pour lequel il était sorti du Père. Il n'avait pas où reposer la tête. Il n'avait ni mère, ni frères ni sœurs, à l'exception de tous ceux qui font la volonté de Dieu (cf. Mt 12, 50). Ainsi, Il était toujours LIBRE, toujours parti, mais attentif aux besoins des pauvres et des malades. C'est pourquoi Il était si séduisant : non pas pour ce qu'Il avait, mais pour ce qu'Il était.

Souvent, l'on est pris dans un conflit – c'est à peine si l'on ne le crée pas soi-même – entre sa famille biologique et les « tout-petits » que le Seigneur nous envoie et pour lesquels la consécration de notre vie à Dieu prend un sens véritable. C'est un conflit qui, à mon sens, ne devrait pas avoir lieu puisque le dilemme ne peut être réel que lorsqu'on se trouve dans une situation de vie ou de mort ; ce qui n'est pas du tout le cas du soutien ordinaire et habituel que le consacré est appelé à assumer comme devoir vis-à-vis des siens en tant que fils, fille, frère, sœur ou ami, etc., selon ses capacités. Je ne sous-entends pas que l'on devrait se dédouaner de ce devoir, mais que l'on peut y surseoir parfois pour répondre au devoir immédiat de notre vocation, car "renoncer" à sa famille ou s'en détacher fait partie de la pauvreté évangélique. On s'appauvrit des liens biologiques pour s'enrichir des liens évangéliques. Le souci légitime de penser aux siens et d'en prendre soin ne devrait pas faire perdre de vue au consacré, la raison de son être de consacré et sa réponse à marcher avec le Christ et à sa suite, comme son disciple. À ce sujet, le Maître est sans ambages : « *Si quelqu'un veut venir après moi, qu'il renonce à lui-même, qu'il se charge de sa croix, et qu'il me suive* » (Mt 16, 24). Ou encore, « *celui qui ne prend pas sa croix, et ne me suit pas, n'est pas digne de moi* » (Mt 10, 38). Tout est question de discernement pour situer les vraies priorités.

Par ailleurs, notre attitude trahit souvent une négligence, une « non-prise au sérieux » de la récompense dont le Seigneur nous fait la promesse. On peine à s'en convaincre et à donner un sens, une raison à notre choix de la pauvreté. Souvent, cela peut être source d'incertitude voire d'inquiétude. Ne fut-ce d'ailleurs pas le lot des disciples eux-mêmes ? Pierre, qui ne savait pas cacher ce qui l'habitait, n'a pas manqué de dire haut ce que tous peut-être pensaient bas : « *Voici, nous avons tout quitté, et nous t'avons suivi* » (Mc 10, 28) ; comme pour demander implicitement : qu'allons-nous recevoir en retour ? Et Jésus de le rassurer : « *Je vous le dis en vérité, il n'est personne qui, ayant quitté, à cause de moi et à cause de la Bonne*

Nouvelle, sa maison, ou ses frères, ou ses sœurs, ou sa mère, ou son père, ou ses enfants, ou ses terres, ne reçoive au centuple, présentement dans ce siècle-ci, des maisons, des frères, des sœurs, des mères, des enfants, et des terres, avec des persécutions, et, dans le siècle à venir, la vie éternelle » (Mc 10, 29-30).

C'est une promesse qui invite à faire l'expérience de la providence divine, à emprunter un chemin sur lequel on découvre que la seule et vraie certitude, c'est Dieu ; Dieu qui prend soin de ceux qui Lui confient leurs soucis. C'est un appel à ne pas rechercher sa sécurité en soi-même et par soi-même, mais en Dieu et par Dieu. Entre l'homme qui va au lit et qui ne parvient pourtant pas à fermer l'œil tant il est tiraillé par l'incertitude du lendemain et celui qui, à peine couché, s'endort, il y a une différence de taille : il est possible que le premier planifie ses affaires sans Dieu, comptant sur ses propres capacités, d'où l'incertitude et l'insécurité. Le second travaille, convaincu de la bénédiction et de la providence divines ; d'où la paix intérieure. Ainsi doit-il en être du consacré. Dans son vécu de la pauvreté, il doit parvenir à dégager cette joie et cette énergie que seule la sollicitude paternelle de Dieu procure.

4. La dépendance de Jésus, expression première de sa pauvreté

Était-il indispensable que, pour notre salut, Jésus entre dans la condition humaine et soit soumis à toutes ses péripéties ? Qu'Il naisse de Marie ? Qu'Il dépende en tout de Joseph et Marie comme tout enfant humain jusqu'à ce qu'Il soit en mesure de travailler de ses propres mains ? Il est essentiel de souligner ici qu'il n'y a pas, dans les évangiles, une mention explicite de Jésus qui gagnait son pain par son propre travail, mais on peut bien le supposer puisqu'Il a vécu ses trente premières années dans le cercle familial à Nazareth. Et étant donné que son père adoptif était charpentier, Il a bien pu apprendre ce métier et l'exercer à ses côtés.

Quand Il commença son ministère, Lui et ses disciples avaient une bourse commune et ils dépendaient de la générosité de certaines personnes, notamment des femmes qui les aidaient de leurs biens (cf. Lc 8, 3). Quand Il envoie les disciples devant Lui dans les endroits où Lui-même devait passer, Il leur recommande d'y aller tout désencombrés et de ne dépendre que de la charité de ceux qu'ils rencontreraient et qui daigneraient bien leur offrir ce dont ils auraient besoin (cf. Lc 10, 7). Ces quelques exemples où l'on voit Jésus choisir la dépendance et la recommander à ses disciples comme mode de vie montrent une nette renonciation à la mentalité de conquête et de possession, une renonciation à être « propriétaire ». Et le père Jacques Guillet suggère que le cœur de la pauvreté de Jésus peut être contemplé dans la triple tentation au désert. « *La pauvreté de Jésus, dans cette triple tentation, c'est de toujours recevoir de Dieu. C'est de ne pas vouloir conquérir et posséder. (...). Pour le diable, être le Fils de Dieu, c'est automatiquement un titre de puissance, de pouvoir. Eh bien, être le Fils de Dieu, au contraire, pour Jésus, c'est un signe et c'est une exigence de dépendance. La pauvreté, c'est la pauvreté de celui qui ne veut pas conquérir, de celui qui reçoit. Voilà toute l'existence de Jésus. Jésus reçoit et Jésus ne met jamais la main sur quelque chose pour saisir et pour posséder* »[20].

Notre contexte culturel et économique actuel exige du consacré – au niveau des diocèses et congrégations – de travailler, d'investir, sans exclure le recours à l'aide, en vue de l'apostolat et aussi pour gagner dignement sa vie. Aussi longtemps que cela est porté dans un esprit communautaire, avec un accent modéré et dans le seul intérêt de la mission, l'empreinte de la pauvreté évangélique demeurera aussi bien dans les activités lucratives, dans l'usage des biens que dans la disposition des cœurs. Cela est bien remarquable dans bien de diocèses, de congrégations et de communautés. On doit en rendre grâce à Dieu. Mais si le désir de la propriété personnelle, pour l'une ou l'autre raison, devient si fort qu'il vient à nous rendre assoiffés de richesses, il est à craindre que nous nous égarions en nous éloignant du Christ, notre seul horizon, et du mode de vie qu'il nous a recommandé. Le monde a beau faire prévaloir l'avoir, car c'est ce qui semble faire la loi dans les relations, le consacré doit, à ce niveau aussi, être un signe de contradiction en s'attachant fermement à la simplicité et à la pauvreté de Jésus.

La pauvreté évangélique est une réalité et il y a un nombre considérable de consacrés qui la vivent avec dévouement, foi et joie. C'est une grâce que le Seigneur Lui-même fait à son Église dans ces hommes et femmes qui, chaque jour, aspirent l'embrasser et le suivre

---

[20] P. J. GUILLET, *La pauvreté de Jésus*, in Revue « Vies consacrées », n° 1979-6.

totalement en montrant que c'est Lui que l'homme doit d'abord rechercher si jamais il devait combler le vide qu'il porte au plus profond de lui-même : « *À la mesure sans mesure de ton immensité, tu nous manques, Seigneur. Dans le tréfonds de notre cœur, ta place reste marquée comme un grand vide, une blessure* » (Vêpres du Mercredi de la première semaine). Cet hymne de la liturgie des heures exprime avec poigne la réalité de la place de Dieu que l'être humain ressent consciemment ou inconsciemment dans son existence. Cela est davantage plus fort et plus vrai pour le consacré.

Cependant, il est à regretter aussi l'attitude de certains consacrés, qui laisse entendre que la pauvreté évangélique que nous professons est un leurre que l'on vend les uns aux autres et au monde. Quand les nominations des économes de communautés ou d'institutions font l'objet de campagne ou même de recours à toutes sortes de manigances; quand la responsabilité de la trésorerie semble donner tout son sens à la vie du consacré qui en a la charge au point de ne plus vouloir passer à autre chose ; quand, en tant que supérieurs, on s'offre toutes sortes d'avantages financiers, dans le fond, injustifiés, mais au nom des responsabilités que l'on assume alors que l'on tient à ce que ses frères et sœurs se contentent du nécessaire qui leur est alloué ; quand on développe un goût immodéré pour des commodités de dernière génération et que ces acquisitions deviennent le principal objet d'imitation des uns par les autres, on peut sérieusement se demander si la pauvreté évangélique tient encore sa place dans notre vie.

Pauvre en vue de Dieu et de son Royaume, on peut bien l'être et on ne devrait pas s'en offusquer. C'est une richesse, c'est vraie richesse que de choisir la pauvreté matérielle au nom de Dieu et au nom du service fraternel alors que l'on a la possibilité de se hisser à une certaine hauteur sociale eu égard aux potentialités dont on est doté. C'est donc un choix et ce concept est fondamental ici.

Dans son adresse aux Philipiens, Paul a dit une parole qui éclaire le choix de la pauvreté religieuse et qui suggère une manière de la vivre de façon constructive et prophétique : « *Je sais vivre de peu, je sais aussi avoir tout ce qu'il me faut. Être rassasié et avoir faim, avoir tout ce qu'il me faut et manquer de tout ; j'ai appris tout cela de toutes les façons* » (Ph 10, 12). Dans nos sociétés envahies par la mentalité de consommation, il est important que le chrétien et encore plus, le consacré, sachent faire preuve de retenue, de modération et de sélection. Sous ce rapport, la pauvreté religieuse apparaît mieux dans son sens fondamental de renonciation et de privation pour Dieu et pour le Royaume. Elle n'est donc pas à confondre avec le manque qui est un mal et que le Seigneur a Lui-même combattu de bien des manières. Ce type de pauvreté, pour devenir annonce et témoignage évangéliques par notre vie, requiert une éducation à la simplicité et à la vérité ; un entraînement de la volonté pour un choix conscient.

Le choix conscient de la pauvreté religieuse est plus que jamais nécessaire dans notre contexte social actuel où l'on est inconsciemment éduqué à créer ses besoins plutôt qu'à les ressentir et à s'exposer volontiers au « virus du consumérisme » (cf. Pape

François). D'une part, le devoir de vérité qui nous incombe vis-à-vis des candidats en formation et des aspirants à la vie consacrée exige que la pauvreté ne soit plus simplement un élément du « paquet » qu'ils découvrent plus tard ou dont on leur fait une présentation *spiritualisante* et édulcorée en passant ; la pauvreté doit plutôt être présentée comme une condition nécessaire dans la recherche de la sainteté et de la ressemblance au Christ à travers la vie consacrée. Il est nécessaire que les candidats avancent dans leur cheminement en découvrant le bien-fondé de la pauvreté religieuse, en l'aimant et en en étant convaincus. « *On cultivera en eux avec un soin particulier, le goût d'une vie pauvre, si bien qu'ils seront habitués à renoncer rapidement même aux choses permises mais non opportunes, et à se conformer au Christ crucifié* » (O.T.9).

D'autre part, l'on devra veiller à ce que la pauvreté religieuse ne devienne pas un vice, produisant des effets contraires au bien recherché. Peut-on encore vivre de la charité publique comme les ordres mendiants à leurs débuts ? Même à ces ordres, la nécessité de la propriété, au moins collective, s'est imposée à un moment donné pour plus d'efficacité dans l'œuvre d'évangélisation qu'ils avaient entreprise. Comme c'en est déjà la pratique, les diocèses et familles religieuses doivent travailler à assurer la digne subsistance de leurs membres en survenant convenablement à leurs besoins primaires (cf. canon 281 § 2). De la sorte, on pourrait épargner à certains de succomber à des tentations qui font une mauvaise presse à la pauvreté religieuse et jettent même le discrédit sur la vie consacrée. Il arrive que l'on entende dire de certains consacrés qu'ils sont les prêtres particuliers de telle ou telle famille nantie. Il arrive même que certains entretiennent des relations tendues puisqu'ils ne veulent pas « partager » les mêmes bienfaiteurs. Que le consacré devienne la propriété d'une famille ou de certains individus est une affirmation brute et certainement pas totalement vraie, mais elle exprime suffisamment à quel point la recherche des biens matériels dépouille certains consacrés de leur identité et de leur dignité. De même, certains, pour répondre à la pression de la pauvreté, cèdent à des avances ou même font des offres en contradiction avec le vœu de chasteté. Et souvent, c'est à contrecœur.

Certes, le Christ nous appelle à la radicalité dans le sens du détachement total et de la liberté vis-à-vis des biens matériels. Mais l'on doit veiller, en même temps que l'on l'y encourage, à ce que la pratique de la pauvreté évangélique ne mette pas le consacré dans une situation de vulnérabilité qui l'empêche de vivre vrai et épanoui. Le renoncement joyeux est essentiel et je pense même qu'il est le critère d'authenticité du vécu de la pauvreté évangélique. Sans cette liberté intérieure, la pauvreté est un fardeau difficilement supportable. Mais quand elle est vécue avec joie, elle devient chemin de sainteté.

CHAPITRE IV. SIGNE VIVANT DE LA SAINTETÉ DE DIEU

L'injonction de Jésus « *soyez saints comme votre Père céleste est saint* » (Mt 5, 48) est adressée à chacun de ses disciples qui doivent y voir le raccourci de la véritable vocation de l'homme durant son pèlerinage de ce monde à son Créateur. Et elle s'adresse avec beaucoup plus d'urgence à ceux qui ont beaucoup reçu et dont beaucoup sera demandé, car « *[ils] ont une vocation spéciale, ont contracté des obligations plus solennelles (...). Ils ont promis d'employer certains moyens définis et plus efficaces pour "devenir parfaits" : les conseils évangéliques. Ils s'obligent à être pauvres, chastes et obéissants ; ils renoncent par-là à leur volonté propre, se mortifient et se libèrent des attachements de ce monde pour se donner plus parfaitement au Christ. Pour eux, la sainteté n'est pas simplement recherchée comme une fin en soi ; c'est leur "profession" ; ils n'ont d'autres tâches dans la vie que d'être saints et ils subordonnent tout à cette fin, qui est pour eux primordiale et pressante* »[21]. Cette parole si révélatrice et lumineuse de Thomas Merton rappelle au consacré la vocation qui est au fondement de sa vocation. La sainteté explique et justifie la vie consacrée.

---

[21] T. MERTON, Op.cit., p. 17.

1. Qu'est-ce qu'un saint prêtre ? Un saint religieux ? Une sainte religieuse ?

Au centre de la vocation sacerdotale et religieuse se trouve toujours la personne de Jésus comme la figure parfaite de sainteté à laquelle chaque femme et chaque homme aspire à s'identifier. Ce désir de ressembler à Jésus s'inscrit dans le fait que la sainteté, en tant que fin corollaire/médiane au salut, est aussi le but poursuivi par l'entrée en religion puisqu'elle est ultimement recherche de Dieu. C'est pourquoi il me semble nécessaire et logique de se tourner vers la personne de Jésus, le modèle des hommes et femmes de Dieu, pour donner un avis sur ce que c'est qu'un saint prêtre, un saint religieux et une sainte religieuse, en méditant sur certains traits fondamentaux de sa sainteté.

a. Obéissance et soumission parfaites à la volonté du Père

Du début de sa vie humaine (Incarnation) jusqu'à sa fin (Ascension), Jésus nous laisse un exemple sans tache de renonciation à soi-même pour accorder la priorité au plan et à la volonté du Père. Saint Paul nous dit qu'il s'est vidé de lui-même (cf. Ph 2, 7) à travers l'union intime de sa nature divine avec la nature humaine, par la renonciation à quelques éventuels projets personnels en tant que Fils, et à la survie face au danger imminent de la mort, etc. L'élan de Jésus allait toujours d'une tension vers le vertical et se terminait nécessairement dans une ouverture à l'horizontal. Est-ce parce qu'il n'était pas en mesure de réfléchir et d'agir de son propre chef ? Est-ce parce qu'il était moins Dieu que le Père ? Ou est-ce parce qu'il avait peur ? La réponse à chacune de ces questions est évidemment non ! L'amour et la confiance que Jésus avait pour son Père étaient si forts et si grands qu'il ne pouvait les exprimer que par son obéissance et sa soumission. Sa réponse à sa conscience d'envoyé fut une fidélité sans faille. Il trouvait sa joie et son épanouissement dans la recherche et l'accomplissement de la volonté de son Père.

Comment le consacré peut-il imiter cette disposition de Jésus dans sa vie de tous les jours ?

Il nous est impossible de connaître la volonté de Dieu et de l'accomplir si nous ne prions pas vraiment. Et ce défi doit être relevé, d'une part, au niveau de nos communautés dont la fin est d'être des écoles de sainteté pour chacun de leurs membres. À travers nos différents charismes (pour les réguliers), nos programmes et objectifs pastoraux (pour les séculiers), nous prenons part à l'accomplissement de la même œuvre de Dieu, à l'avènement du même règne de Dieu, à l'annonce de la même Bonne nouvelle du Salut. Ainsi, nos champs d'action semblent assez clairs. Cependant, pour que nous restions fidèles à l'appel du Christ dans le vécu et la réalisation de nos charismes et objectifs pastoraux respectifs, pour que la part de Dieu ne soit pas surplombée par la part de l'homme, pour que l'œuvre de Dieu ne soit pas soumise au gré des seules aspirations humaines, pour que la vigne de Dieu ne se transforme pas en champ de bataille où le divin cède le pas à l'humain, et la mission à nos ambitions individualistes, il est impératif que des institutions gouvernantes jusqu'aux divers presbytères et communautés, il y ait la culture d'une vie de prière « communautaire ».

Il ne s'agit pas, pour les membres de la communauté, de simplement se rassembler pour « dire la prière », mais de s'apporter eux-mêmes entièrement devant Dieu, de se mettre en sa présence pour qu'Il touche chacun d'eux et consolide le tissu communautaire ; pour qu'Il en guérisse les blessures, qu'Il y suscite la joie et en augmente la foi, l'espérance et la charité. C'est aussi là que nous apprenons à louer Dieu ensemble, à L'écouter et à Lui parler. C'est quand ce désir d'être ensemble avec Dieu se fait fort qu'Il rend possibles, pour nous, l'unité de cœurs et l'unité de vision dans lesquelles Il révèle sa volonté et la façon dont Il veut que nous la réalisions. Cela nous permettra d'atteindre l'équilibre nécessaire entre la part de Dieu et celle de l'homme dans l'accomplissement de la mission qui nous est assignée. Quand on prie vraiment ensemble, ce ne sont plus les voix qui se font entendre, mais les cœurs qui, dans un élan choral, s'épanchent devant Dieu avec leurs fragilités et blessures, leurs espoirs et incertitudes, mais aussi avec leur désir ardent de paix, de joie et d'amour. Et quand le Seigneur les regarde et les touche, chaque membre et la communauté tout entière s'en trouvent renouvelés et prêts pour aller de l'avant. Quand on prie vraiment ensemble, il s'opère toujours une conversion des personnes et de la communauté, car c'est dans l'intimité de la prière que le Seigneur révèle à chacun, sans comparaison, la vérité de son imperfection et son besoin de conversion. Cela suscite un sentiment fort d'humilité : au lieu de juger les autres, on les tolère et on recherche la cohésion.

D'autre part, la vie de prière doit être vécue à un niveau personnel. Je ne fais pas allusion à la participation à la messe, à la prière du bréviaire ou à la récitation du chapelet, à la méditation et à l'adoration programmées. Bien-sûr, la prière communautaire est nécessaire pour soutenir chacun des membres, pour animer la communauté et pour assurer le témoignage que celle-ci doit donner dans son milieu de vie et d'apostolat. Ici, je pense à la prière comme ce précieux et indispensable cœur à cœur que l'homme doit avoir avec Dieu. Cette rencontre dans laquelle il « s'apporte » lui-même volontairement pour se laisser regarder par Dieu, pour d'abord écouter Dieu et ensuite lui parler si nécessaire. Bien souvent, nos moments de prière sont dominés par notre parole et nous passons à côté de l'essentiel qui est d'écouter ce que Dieu a à nous dire. Ce que nous avons à dire, nous le savons déjà et Dieu en premier. Ce que nous ignorons et que nous avons besoin d'entendre, c'est la réponse de Dieu. Cela montre combien écouter Dieu est exigeant. Mais c'est un exercice sans lequel nous courrons le risque de l'auto-détermination et de la superficialité.

Il y a souvent une confusion entre l'auto-détermination et la liberté, et cela entraîne un conflit qui n'a pas lieu d'être. La liberté de l'homme, dans sa relation à Dieu, est réelle. Mais elle n'est pas absolue puisque lui-même n'est pas absolu. Dans son expression première, elle consiste à distinguer le bien du mal et surtout à choisir le bien plutôt que le mal. Il exprime ainsi sa liberté par rapport à la liberté suprême et choisit le bien par rapport au bien suprême : Dieu. Il reconnaît qu'il se tient d'Ailleurs. Ainsi, entretient-il une relation de confiance et de collaboration avec Dieu. Par contre, l'auto-détermination, dans le présent contexte, voudrait que l'homme exprime sa liberté et opère ses choix par rapport à lui-même comme s'il était *sui generis*. L'idée de Dieu devient une source de menace et d'inquiétude, et la relation à Dieu dictée par la méfiance et la concurrence. Écouter la voix de Dieu et se référer à Lui n'empiète donc pas sur la liberté de l'homme, mais sert à son expression adéquate et rend substantielles sa relation à Dieu et son action.

Plusieurs fois, dans l'Évangile, on dit de Jésus qu'Il était allé prier ou qu'Il passa la nuit à prier. Si Jésus devait s'exprimer sur cette activité, Il dirait peut-être qu'Il « se retirait pour être-avec son Père ». Le « être-avec » traduit une relation d'amour profond, une relation indispensable en tant que Jésus ne pouvait être Lui-même sans être-avec le Père qui L'a envoyé tout comme le consacré ne peut être pleinement lui-même s'il n'est avec Jésus qui l'a appelé et consacré pour cheminer à sa suite. La quantité et la qualité du temps consacré à la prière personnelle détermine la qualité de l'amour que l'on a pour Dieu, car la prière est, avant tout, une rencontre et un cheminement d'amour.

Peut-être qu'au cours de sa prière, Jésus rendait compte de son activité, de ses joies, de ses peines et des défis – ; peut-être cherchait-Il à se ressourcer, à savoir s'Il avait agi conformément à la volonté du

Père et demandait la force pour aller de l'avant ! Je crois que cela devait être le meilleur moment de sa journée. Ainsi doit-il en être pour tout chrétien et plus encore pour le prêtre, le religieux et la religieuse. En plus des louanges communautaires, nous devons avoir le courage de la prière personnelle si nous voulons connaître la joie qu'elle apporte. Cette prière est un cheminement vers la chambre intérieure où l'on puise sa joie et son énergie, où l'on trouve conseil et où l'on se sent chez soi. Certes, la vocation n'est pas individuelle, mais il n'en demeure pas moins qu'elle est personnelle. Ainsi, il est indispensable que chacun, peu importent les charismes ou les insertions pastorales de sa famille religieuse, découvre la volonté de Dieu sur lui et pour lui. C'est cela la force intérieure qui nous aidera à dompter notre penchant à une fallacieuse autonomie pour nous soumettre à Dieu qui ne peut ni se tromper ni nous tromper.

Il y a un risque réel pour le consacré de manquer la cible de la mission et même la cible de sa vie s'il échouait à se donner le temps nécessaire pour prier et se faisait bonne conscience à l'idée que ce à quoi il est occupé est aussi prière. Cette analogie est, on peut dire, trompeuse et la victime reste le consacré qui perdrait le contact vital avec le Maître, car « *Celui qui ne prie plus a déjà trahi. Déjà, il est prêt à toutes les compromissions avec le monde. Il marche sur la voie de Judas* »[22]. Bien que l'épisode de Marthe et Marie ne cherche pas à mettre nécessairement le projecteur sur le « moins bon choix » qu'aurait fait la première, il nous indique clairement où se trouve la

[22] Card. R. SARAH et N. DIAT, Op.cit., p. 7.

priorité, sinon l'essentiel (cf. Lc 10, 38-42). Et le Pape Pie XI avait émis une forte mise en garde contre cette erreur très grave et très dangereuse que commettraient les prêtres, les religieux ou les religieuses qui, entraînés par faux zèle, négligeraient leur propre sanctification, pour se plonger entièrement dans les œuvres extérieures, si bonnes soient-elles, de l'apostolat. En effet, en agissant ainsi, poursuit-il, non seulement ils mettraient en péril leur propre salut éternel, mais ils s'exposeraient aussi à perdre, sinon la grâce divine, du moins cette onction du Saint-Esprit, qui donne à l'apostolat extérieur une force et une efficacité merveilleuses (cf. Ad catholici sacerdotii 26). Dans la même veine, le cardinal Sarah, du haut de sa riche expérience de la vie consacrée, nous met en garde contre tout activisme extérieur au détriment du soin de notre âme : « *Si nous ne retrouvons pas le sens des veilles longues et patientes avec le Seigneur, nous le trahirons. Les Apôtres l'ont fait : nous croyons-nous meilleurs qu'eux ? Les prêtres en particulier doivent absolument avoir une âme de prière. Sans cela, la plus efficace des actions sociales deviendrait inutile et même nocive. Elle nous donnerait l'illusion de servir Dieu alors que nous ne faisons que l'œuvre du Mauvais* »[23].

b. L'amour du prochain

La priorité que Jésus a donnée à la volonté du Père se traduisait en vie toute donnée au prochain. Et cela nous renseigne sur l'une des manifestations de sa sainteté : elle n'était pas désincarnée. On peut en

[23] Card. R. SARAH et N. DIAT, Op.cit., p. 11.

déduire même que la sainteté n'est jamais désincarnée, sinon elle n'est pas. C'est pourquoi il importe de se garder de toute tentative d'acquérir la sainteté par un effort exclusivement tendu vers un culte vertical, désincarné et donc mal conçu et presqu'improductif. L'amour de Dieu trouve son lieu d'expression dans le prochain et l'amour du prochain a son fondement et sa fin dans l'amour de Dieu. « *Il est inutile de jeûner, de coucher sur le sol, de se couvrir de cendres et de pleurer sans cesse. Tout cela n'a aucune importance si l'on n'est pas utile aux autres* » (saint J. Chrysostome, VIème Homélie sur Tite). L'union de Jésus au Père a connu un débordement à travers son union à l'homme dont il a daigné partager la condition. La sainteté est donc union ontologique à Dieu dans le Christ : il ne s'agit pas d'une tentative froide et sans conviction de faire comme Jésus, mais d'une totale implication de soi soutenue par un désir réel de répondre à l'appel du Christ. Si cela n'était pas possible, si cela n'était pas nécessaire, il ne nous l'aurait pas demandé.

Ainsi, le consacré a la mission de toujours aider les autres à faire l'expérience des disciples à l'Ascension du Seigneur : tourner leurs cœurs vers Dieu et leur faire découvrir que leur patrie est au ciel, auprès de Dieu et que le véritable sens de leur existence terrestre est une communion anticipée à la vie avec Dieu, une préparation à la vie en Dieu. C'est cette révélation et sa joie qui ont soutenu les disciples et leur ont permis de retourner à Jérusalem, pleins d'enthousiasme malgré la séparation d'avec le Maître (cf. Lc 24, 52).

Par ailleurs, je pense que la chasteté et la pauvreté de Jésus ont beaucoup contribué à le disposer à aimer son prochain. Et si ces vertus évangéliques n'étaient pas efficaces, Jésus ne nous les aurait pas proposées. Je n'ambitionne pas de faire un traité sur les conseils évangéliques ; je veux juste essayer de les comprendre et voir comment ils peuvent nous aider à aimer notre prochain et à atteindre la sainteté. Et ce qui me vient immédiatement à l'esprit, c'est le contexte de la vie communautaire qui, à mon avis, est le cadre idéal à partir duquel nous devons juger de la qualité de notre amour du prochain et surtout du sérieux que nous y mettons.

En effet, les conseils évangéliques de pauvreté et de chasteté ensemble avec celui d'obéissance, ont leur véritable assise et leur ultime fin dans l'amour de Dieu et du prochain, dans la recherche de Dieu et du bien du prochain. On se fait pauvre, obéissant et chaste pour aimer, pour mieux aimer comme Jésus à qui l'on aspire être configuré, puisqu'en tout cela il y a une renonciation à soi-même en vue de Dieu et du bien de l'autre. Ceci fait de l'amour la vraie, la meilleure et la seule forme de proclamation authentique de l'Évangile. *« C'est à l'amour que vous aurez les uns pour les autres qu'ils sauront que vous êtes mes disciples »* (Jn 13 : 35). Et l'amour a ceci de si exigeant que pour le proclamer efficacement, il faut d'abord y croire fermement et s'efforcer de le vivre constamment. Et il n'y a pas de meilleur lieu, pour l'exercer, que nos communautés.

L'un des facteurs les plus élémentaires de crédibilité de toute exhortation appliquée à l'Évangile est que l'agent porteur la mette en pratique d'abord, parce que « *la vérité religieuse ne s'enseigne jamais si dignement et si efficacement que lorsqu'elle est enseignée par la vertu, car, selon l'adage courant : " Les actes de vertu convainquent, mais les exemples entraînent. " [Nous devons donc] annoncer la loi évangélique, mais pour obtenir que les autres l'embrassent, l'argument le plus accessible et le plus persuasif, avec la grâce de Dieu, c'est la vue de cette loi mise en pratique dans [notre] vie, [nous qui en prêchons] l'observation* » (*Ad catholici sacerdotii 24*). Si nous voulons être et nous faire reconnaître comme d'authentiques disciples de Jésus, porteurs de son évangile d'amour, nous sommes condamnés à nous aimer les uns les autres. Nous ne pouvons répandre le message d'amour qu'en nous aimant, car « *Un prédicateur qui ne s'efforcerait pas de confirmer par l'exemple de sa vie la vérité qu'il annonce, détruirait d'une main ce qu'il bâtit de l'autre* » (*Ad catholici sacerdotii* 25).

Ne suis-je pas un menteur si j'affirme être devenu prêtre par amour pour Dieu et pour son peuple alors que je suis incapable d'aimer le confrère avec qui je vis ? Il semble qu'en envoyant ses frères en mission, saint François d'Assise aimait leur dire : « *Allez prêcher l'Évangile. Dites quelque chose si cela est nécessaire* »[24]. Ceci suggère que la prédication doit se faire d'abord par notre exemple de vie et que les mots ne sont pas toujours nécessaires. Et le meilleur exemple qui transmet mieux l'Évangile est le témoignage

[24] Citation chrétienne populaire attribuée à Saint François d'Assise.

d'amour vécu, car là où sont l'amour et la charité, Dieu est vraiment présent (cf. 1 Jn 4, 12).

Si aujourd'hui, une enquête devait être menée pour établir notre crédibilité comme disciples de Jésus, à partir de ce que nous vivons dans nos communautés et familles religieuses, combien de communautés ou de personnes pourraient répondre à l'appel ? On pourrait se précipiter pour recourir à l'argument facile de l'imperfection inhérente à la nature humaine pour essayer de justifier notre médiocrité en amour fraternel. Je crois que Dieu nous pardonne et qu'il nous pardonnera tout ; le monde aussi pourrait tout nous pardonner ; mais que nous échouions, sans grands efforts, à nous aimer, nous courrions le risque de nous condamner nous-mêmes parce qu'aimer, en vertu de la Passion-mort-et résurrection du Christ, est l'ADN même du chrétien. C'est un principe non négociable pour quiconque veut être disciple de Jésus.

Il y a de quoi rendre grâce à Dieu et féliciter tous ceux et celles dont on parle peu, dont on ne parle pas du tout ou dont on n'entend pas parler, mais qui s'efforcent d'être des témoins vrais de l'amour de Dieu. On en trouve dans nos communautés. Ce sont des trésors, des exemples qui nous rappellent toujours ce que nous devons être. Ils sont un peu comme la voix du Christ qui nous enjoint à l'amour fraternel. Ils sont souvent ignorés et parfois des cibles de notre dureté de cœur. Aurait-on exagéré si l'on venait à dire que certaines de nos communautés sont souvent des "enfers" dont on ignore l'existence ? Il existe un certain nombre de comportements que l'on peut appeler ennemis de l'amour fraternel, qui ont élu domicile dans nos cœurs et dans nos communautés et auxquels nous avons fait bon accueil. En tête de liste, le binôme **rivalité-jalousie**.

Nous nous familiarisons si souvent avec l'exercice de la rivalité et de la jalousie que nous finissons par nous en accommoder au point de devenir étrangers à nous-mêmes et aux autres, et par conséquent à prendre nos distances vis-à-vis même de Dieu. La rivalité et la jalousie nous rendent étrangers à nous-mêmes parce que le vrai accomplissement de l'homme ne se réalise pas dans la compétition, peu en importe le résultat, mais plutôt dans l'aboutissement de ses rêves personnels, un aboutissement auquel peuvent contribuer les autres – souvent la contribution des autres est même indispensable –. De plus, ces deux maux qui nous suivent bien souvent comme notre ombre, nous rendent aussi étrangers aux autres parce qu'ils rendent terriblement difficiles pour nous la reconnaissance et l'appréciation sincères des dons et mérites des autres. Finalement, la jalousie et la rivalité nous éloignent de Dieu parce qu'elles servent d'engrenage à la méchanceté et au meurtre (cf. Gn 4, 8), et par suite, à la révolte contre Dieu qui, dans sa souveraine bonté, donne à chacun selon son projet à Lui. Quand nous passerons de la jalousie à la louange de Dieu, Dieu qui est à l'œuvre dans la vie des autres comme dans la nôtre, nous aurons gagné une bataille capitale dans la lutte pour la fraternité. On n'entre pas en religion pour livrer bataille aux autres et chercher à être meilleur qu'eux ; on se livre bataille à soi-même pour être la meilleure version de soi-même en cherchant Dieu sur le chemin de la sainteté.

Puis, **la soif du pouvoir**. C'est, en fait, un désir de grandeur et une recherche de reconnaissance selon les critères du monde. Nous devons tous comprendre que le fait de confier des responsabilités à certains à l'échelle des diocèses, congrégations, communautés et diverses institutions obéit d'abord à un besoin d'organisation et enjoint les concernés à rendre avec diligence les services qui y correspondent. Évidemment, chacune de ces responsabilités requiert certaines qualités personnelles et c'est ce critère qui, souvent, est mis en avant dans le choix des personnes. Malheureusement, le service comme source et fin des nominations est souvent éclipsé au profit du culte de la personnalité comme si l'on avait enfin reçu un instrument pour faire comprendre aux autres que l'on est plus important. Le responsable n'est plus là pour servir, mais pour se servir et plus encore pour être servi, respecté et même craint.

Dans les maisons de formation et communautés de vie, certains sont des maîtres absolus : ils savent tout, les meilleures idées sont les leurs, ils n'ont confiance en personne sinon en eux-mêmes et la vérité n'est que lorsqu'elle provient de leur bouche. Sans surprise, cela crée des frustrations et même des réactions qui, en l'absence d'une bonne médiation, rendent les communautés instables et le vivre-ensemble impossible. Pour se faire nommer à des postes de responsabilité qu'ils estiment importants et convenables à leurs agendas cachés, certains vont développer des affinités avec ceux à qui le pouvoir de nommer appartient. Et cela devient une tendance parce que certains responsables se prêtent effectivement à ce jeu. Mais à quelle fin va-ton négocier une nomination en tant que consacré ? Il n'y a pas très longtemps, quand nous étions encore en formation, certains de nos aînés et nous avec, ne cessions de nous plaindre de certains formateurs, responsables de communautés et institutions de notre Société. Aujourd'hui, un nombre considérable de ces responsables sont des confrères de notre génération. Et mon sentiment sinon mon constat, est que la situation ne s'est pas améliorée. De par le passé, on expliquait les difficultés de la vie communautaire par la différence de générations ou encore le racisme entre Africains et Occidentaux (pour les congrégations et instituts internationaux). Aujourd'hui, un tel argument n'est plus tenable pour la majorité des cas, car on a vu beaucoup de communautés de jeunes voler en éclats, des Africains se retourner les uns contre les autres tout comme des Occidentaux devenir ennemis.

Il sied donc de comprendre que la soif du pouvoir, ce désir de « se faire sentir » n'est pas un problème de générations ou d'origines ; ses racines se trouvent dans la personne. Et pour ce qui est du consacré, une telle attitude pourrait être le signe d'un profond sentiment d'insatisfaction : insatisfaction en la simplicité et en l'humilité que requiert la vie consacrée ; insatisfaction en la vie consacrée elle-même que le Christ a voulue comme service et non comme poursuite d'ambitions ou intérêts personnels. Pour Jésus, en effet, c'est en servant que l'on devient grand et non en se faisant servir ou en s'attachant à un certain titre que l'on tient à faire reconnaître à tout prix et à chaque occasion. Quand on est atteint d'un tel syndrome, on ne peut qu'être mal dans sa peau quand on n'est pas aux commandes.

En quelque sorte, le consacré qui ferait du pouvoir et de tout ce qui y est relatif une quête personnelle montre qu'il ne croit pas en la promesse du Maître adressée à ceux qui renonceraient à tout pour le suivre ; il préfère donc chercher une juste compensation à sa consécration dans les choses d'ici-bas parce que le pouvoir sert bien souvent comme moyen à l'acquisition de l'avoir. Pour finir, la soif du pouvoir détruit le consacré en le dépouillant du merveilleux visage du Christ serviteur ; elle détruit aussi ceux sur qui il l'exerce en en faisant des sujets à dominer et non plus des frères et sœurs à servir. Ainsi, à chaque fois et partout où s'exerce la volonté de domination, à chaque fois et partout où l'homme est obligé de s'agenouiller ou de s'incliner devant son semblable, c'est la logique du monde qui est à l'œuvre. Jésus, Lui, nous enseigne que s'il y a un pouvoir à rechercher, c'est celui du service, car en s'abaissant pour servir les autres, l'homme offre à Dieu la possibilité de l'élever.

La médisance. Elle trahit un manque de sincérité, de vérité et de fraternité. En s'adressant à ses missionnaires pour qui il insistait sur la nécessité d'être non seulement unis, mais un et d'éviter les médisances, le Cardinal Lavigerie leur avait fortement recommandé de « *S'imposer la règle de ne jamais parler du prochain* [c'est-à-dire d'un confrère absent] *sinon pour en dire du bien* »[25]. Quels sont les

---

[25] Card. Lavigerie, *Instructions aux Missionnaires*, Editions Grands Lacs, Namur, 1950, p. 319.

sujets qui animent nos causeries quand nous sommes à table, pendant nos récréations communautaires et surtout quand nous nous retrouvons entre amis ? Parlons-nous de nos activités, des joies qu'elles nous procurent et des difficultés que nous y rencontrons ? De tels échanges nous aideraient à mieux exercer les diverses tâches qui nous sont confiées et à plus d'épanouissement. Parlons-nous assez de nous-mêmes, présents ? Ou sommes-nous tellement satisfaits de nous-mêmes que les absents nous préoccupent ? Les autres sont-ils si mauvais que même absents de nos rencontres, ils nous hantent ?

Le choix du dénigrement révèle un jugement fondé sur des faussetés intentionnelles ou sur des sortes de vérités auxquelles l'on ne croit pas soi-même et ne répond qu'à un besoin : salir l'autre. Sinon, on choisirait de s'exprimer en présence des concernés. Cela leur donnerait la chance de s'expliquer et l'on aurait aussi la chance de comprendre. Mais quand on est animé de mauvaise foi que l'on cache dans un soi-disant désir d'éviter les confrontations, on préfère le raccourci de la médisance. Je ne me rappelle pas que Jésus ait critiqué les pharisiens, les scribes ou encore les chefs juifs en leur absence. Il n'a pas craint les confrontations parce qu'Il se savait dans la vérité. Il disait la vérité et entendait provoquer un changement de comportement dans les concernés pour l'amélioration de la société dans son ensemble. Quel changement espérons-nous apporter, quel bien visons-nous quand nous parlons mal des autres en leur absence ? Cette maladie a fait que certaines communautés sont mieux connues de l'extérieur que de certains de leurs propres membres ; les fautes et faiblesses de certains ou encore celles qui leur sont simplement attribuées les précèdent partout où ils passent, et à leur insu. À chaque fois que l'on calomnie l'autre, il s'ouvre toujours une double blessure : celle de notre propre insatisfaction et celle qui vise à écorcher la renommée de notre prochain. Et la vérité, c'est que nous ne sommes pas mieux.

Quand ces ennemis de l'amour fraternel parviennent à gagner du terrain, l'échec dans l'effort de bâtir une communauté de frères ou de sœurs est garanti. Et cet échec, sans être la raison, peut en tout cas être compté parmi les raisons qui poussent certains à chercher la joie, la paix et l'amitié en-dehors de la communauté et même en-dehors du cadre de la vie consacrée. Beaucoup ont fini par "se perdre". Si nous parvenons à faire de nos communautés des cadres de vie où chacun se sent chez soi, où chaque consacré se sent entouré par des gens pour qui il compte et sur qui il peut compter, des gens en qui il peut avoir confiance et à qui il peut s'ouvrir sans crainte, nous serions un peu à l'abri de certains dangers, nous aurions la force de relever certains défis propres à notre état de vie.

Quand Jésus nous demande : m'aimes-tu ? Nous nous précipitons de répondre oui, justement parce que la question nous réveille, nous fait prendre conscience de notre trahison et de notre indignité d'être appelés ses disciples. Notre réponse est donc motivée par l'instinct d'éclipser le gênant sentiment de honte. N'ayons pas honte d'assumer notre trahison devant le Seigneur ! Il nous aime encore et toujours ! Ayons plutôt honte de devoir le trahir à nouveau !

Laissons donc sa question pénétrer et attendrir nos cœurs. Comme Pierre, nous réaliserons que nous n'avons pas besoin de nous défendre puisqu'il ne nous juge pas. Il nous connaît plus que nous-mêmes. Il nous fait confiance. Il espère même en nous. Il nous donne la chance de nous convertir.

Cette conversion doit passer par une diversité d'efforts que nous devons mettre un point d'honneur à faire pour permettre à nos communautés d'être des écoles d'amour et de sainteté. À l'image des écoles de police et de santé où l'on forme des agents de sécurité et de santé, nos maisons de formation et nos communautés doivent produire des *spécialistes en amour*. Par exemple, nous devons apprendre à apprécier les autres et reconnaître leurs mérites quand l'occasion se présente. Cela ne nous diminue guère mais, au contraire, nous grandit puisque nous sommes en mesure de reconnaître qu'il n'y a pas que nous qui pouvons réaliser des choses louables. Nous devons prendre l'habitude de nous réconcilier et de nous pardonner quand a lieu l'offense, car nous sommes tous des pécheurs pardonnés, nous avons tous des zones de notre vie qui n'ont pas encore été évangélisées, qui n'ont pas encore été touchées par la puissance salvatrice de la résurrection du Christ.

De plus, nous gagnerions aussi à nous efforcer de respecter et de protéger la sacralité de l'histoire de tout un chacun, car prendre le malin plaisir d'exposer nos frères et sœurs à la place du marché, même quand les faits mentionnés sont vérifiés, est un grave crime contre la charité ; et une telle offense ne laisse jamais son auteur en paix.

Finalement, que perdrions-nous à nous réjouir avec ceux qui sont dans la joie et à compatir à la douleur de ceux qui souffrent (cf. Rm 12 : 15) ? Ce sont là des gestes et paroles simples qui, lorsque nous en faisons des éléments constitutifs de notre agir quotidien, peuvent faire de nos communautés de vraies familles où la communion fraternelle devient réelle, des lieux où l'on goûte par anticipation au bonheur de l'éternité. Mais lorsqu'ils font défaut, le loup, le lionceau et la vipère ne feront que succomber à l'inclination de leur nature animale qui est de dévorer et mordre, c'est-à-dire faire obstacle à la venue ou à la visibilité du règne de Dieu. La vie fraternelle, dans une société où règnent la division et des clivages impossibles à combler, est en elle-même prophétique (cf. *Vita Consecrata* 85), nous dit le saint pape Jean-Paul II. Mais si nous échouons au test de l'amour fraternel, à quoi allons-nous réussir, et qui nous confèrerait notre identité propre de disciples du Christ ? Même ceux qui ne connaissent pas le Christ savent que l'amour va mieux avec l'aspiration humaine la plus profonde plus que la haine.

Au fond, il ne s'agit pas tant de faire, mais d'être car si l'on parvient à être, faire devient l'expression de ce que l'on est : il n'y a pas d'arbre bon qui porte de mauvais fruits et il n'y a pas de mauvais arbre qui porte de bons fruits (cf. Lc 6, 43). Cependant, essayer de faire sans être au préalable place son auteur dans une situation de mensonge qui ne peut durer. La sainteté est consistante et elle doit être une constante de l'être et de l'agir du prêtre, du religieux et de la religieuse.

CHAPITRE V. LA FORMATION DES CANDIDATS À LA VIE SACERDOTALE ET RELIGIEUSE

La vie du consacré, bien qu'elle doive être inspirée par sa relation et son cheminement personnels avec le Seigneur qui l'appelle et veut l'associer à son œuvre de rédemption, dépend aussi et beaucoup de la formation que celui-ci reçoit en guise de préparation à son engagement. Bien que le cadre familial puisse y jouer un rôle important, c'est vraiment dans la maison de formation que l'aspirant au sacerdoce ou à la vie religieuse apprend à discerner sa vocation et à réaliser qu'elle est ultimement un appel à être un récit de Dieu. L'environnement dans lequel il évolue, les camarades qu'il côtoie et surtout ceux à qui la charge de sa croissance holistique incombe, influencent indéniablement les valeurs auxquelles il s'attache et déterminent la qualité de sa consécration. Sans négliger la responsabilité personnelle du candidat, l'apport de l'environnement et des compagnons de route dans le cheminement vocationnel, je veux insister sur celui des formateurs étant donné que les facteurs pré-cités peuvent et doivent être façonnés ou ajustés par le dernier.

En effet, « *La formation des séminaristes dépend de sages règlements, mais plus encore de la valeur des éducateurs. Aussi les directeurs et professeurs des séminaires seront-ils choisis parmi les hommes les meilleurs. Ils seront soigneusement préparés par un solide enseignement doctrinal, par une expérience pastorale convenable, et par une formation spirituelle et pédagogique spéciale (...)* » (O. T. 5).

Cette directive du Concile, bien qu'elle cible explicitement la formation des candidats au sacerdoce et au niveau diocésain, concerne aussi celle des candidats à la vie religieuse, peu importe la diversité des familles religieuses, d'autant plus que la vocation est fondamentalement la même : annoncer Jésus-Christ pour qu'il soit connu et aimé.

1. La valeur du formateur / de la formatrice

Le Concile insiste que les formateurs / formatrices doivent être choisis parmi les meilleurs. Cela suggère que, même si les chargés de la formation ne sont pas des gens extraordinaires ou spéciaux, tous ne sont tout de même pas qualifiés à assumer cette charge. La formation initiale couronnée par l'ordination presbytérale ou la profession des vœux ne nous qualifie pas nécessairement à être des formateurs. Cette affirmation, il faut le préciser, ne remet aucunement en cause les qualités humaines et spirituelles qui ont prévalu dans l'élection au sacerdoce ou à la vie religieuse de ceux que l'on estimerait, cependant, non idoines pour la formation, car l'on peut être un excellent prêtre en paroisse ou dans une autre insertion pastorale, on peut aussi être une religieuse exceptionnelle dans bien de domaines sans pour autant être un candidat apte à la formation. En effet, la formation requiert un peu plus que cela quand bien même l'idéal serait que tous ceux qui ont été dûment formés et jugés dignes de la vie sacerdotale et religieuse soient aussi aptes à former leurs jeunes frères et sœurs. Ici, nous voulons proposer quelques traits de la valeur du formateur.

a. Son sens de la fraternité

La première qualité du formateur ou de la formatrice est sa capacité à réaliser qu'il est dans une position, pas d'abord d'autorité, mais *d'aînesse*, et que les candidats en formation sont ses petits frères et sœurs. S'il perçoit son rôle sous cet angle, l'autorité qui, nécessairement fait partie des attributs du formateur devient, dans ses mains, un véritable atout pour rechercher et offrir aux jeunes le meilleur possible pour en faire de futurs consacrés selon le cœur de Dieu. Mais s'il privilégie l'autorité, il y a un grand risque qu'elle devienne plutôt un moyen d'expression de son pouvoir ; cela peut engendrer des dégâts irréparables dans la formation des jeunes.

Le grand avantage qu'il y a à mettre la fraternité en avant est que ce type de formateur montre qu'il fait confiance et par conséquent, il inspire aussi la confiance. Il facilite ainsi la proximité avec les jeunes qui, au fond, se sentiraient plus en sécurité. L'assurance ayant pris le dessus sur la peur, il leur devient plus aisé de s'ouvrir pour mieux rentrer dans l'esprit de la formation en s'efforçant de vivre libérés. Le formateur n'étant plus vu comme un juge implacable, le candidat comprend que les erreurs commises constituent une occasion d'apprentissage et de croissance. Le formateur qui fait confiance aux candidats fait aussi confiance en la grâce de Dieu : il s'efforce d'inculquer en eux les valeurs requises comme si tout dépendait de lui et il espère un résultat positif sachant, au fond de lui, que tout dépend, en réalité, de Dieu qui est le Maître de la vigne. C'est quelqu'un qui a une bonne connaissance de lui-même ; sans douter de ses qualités, il a surtout conscience de ses défauts, se dit que les candidats qui lui sont confiés ne sont pas pires et il aspire surtout à ce qu'ils soient meilleurs que lui. S'il se fait l'idéal indépassable, il en fait des « autres lui » alors que c'est le Christ qui doit leur être présenté à travers le formateur.

Bien-sûr, la fraternité comme moyen de formation n'est pas à confondre avec le laxisme ou la complaisance, car elle n'exclut pas la rigueur pour laquelle le Concile recommande « (…) [d'] *écarter et éloigner à temps d'une voie qui n'est pas la leur les jeunes gens [que les formateurs] voient dépourvus des qualités nécessaires et qu'ils prévoient inhabiles à remplir dignement et honorablement le ministère sacerdotal. (...) il faut corriger l'erreur aussitôt constatée, sans aucune considération humaine, sans cette fausse miséricorde qui tournerait en véritable cruauté, non seulement pour l'Église à qui elle livrerait un ministre incapable ou indigne, mais également pour le jeune homme lui-même qui, ainsi aiguillé sur une fausse route, se verrait exposé à devenir une pierre d'achoppement et pour lui et pour les autres, et risquerait sa vie éternelle* » (O.T.51)

Au contraire, la fraternité offre à la rigueur le cadre idéal pour sa juste expression et lui donne sa vraie valeur en tant que signe d'amour et de conscience du devoir. Sans la bonne dose de fraternité requise, le formateur peut occasionner une attitude contraire dans les candidats. S'ils ne se sentent pas en sécurité, ils vont se résoudre à l'hypocrisie, l'essentiel n'étant plus un bon discernement de l'appel de Dieu, mais de « tout faire pour arriver ». Il peut arriver, dans ces circonstances, et il arrive vraiment, que certains candidats deviennent les yeux et les oreilles du formateur auprès des autres avec en contrepartie, l'assurance de « passer » haut les mains, même s'ils n'ont pas les qualités objectives requises. Certains parviennent ainsi au seuil de la consécration religieuse et sacerdotale par l'entremise d'intrigues humaines, mais sans vocation réelle (cf. O.T. 51). Cela donne une image tordue, à vraie dire fausse, du formateur qui n'est plus facilitateur ou intermédiaire ; il fait plutôt écran entre Dieu qui appelle et le candidat qui est appelé. Il apparaît désormais comme celui qui appelle. Un candidat qui se sent aimé, qui sent que l'on lui fait confiance, se sent aussi redevable de bonne attitude et d'honnêteté dans son discernement.

b. Son humanité

Je ne peux m'empêcher de faire recours à la figure du curé d'Ars qui n'a jamais été nommé formateur mais qui, en vérité, a formé et continue à former beaucoup par sa façon d'être. C'est vrai, notre contexte actuel requiert du consacré et notamment du formateur qu'il ait une bonne formation intellectuelle. Mais à défaut d'être exceptionnel dans ce domaine, le formateur, à mon avis, doit nécessairement avoir une bonté de cœur qui rassure ceux qui vivent avec lui en ce sens qu'il est disciple de Jésus et porteur de sa Bonne Nouvelle. Encore une fois, il ne s'agit pas, pour lui, de ne pas être rigoureux, mais d'être fraternel, de réaliser que sa mission consiste à révéler le visage du Christ bon et miséricordieux, à cheminer avec des jeunes avec qui il aura tout en partage dans un futur proche, que sa relation avec chacun d'eux ne prend pas fin dans la maison de formation et que la qualité de cette relation future dépend du traitement qu'il leur accorde aujourd'hui.

Évidemment, il est impossible de parvenir à une relation d'amitié avec tout le monde, mais il est possible de respecter tout le monde et de respecter les droits de tout le monde, notamment le droit à un traitement juste et humain. Dans certaines congrégations, certains consacrés ont été rangés dans la catégorie de « confrères ou consœurs en difficultés » pour ne pas dire « difficiles ». Dans cette catégorie, on trouve ceux qui souffrent de certaines addictions, ceux qui n'arrivent pas à répondre aux exigences de la vie communautaire ; et il y a aussi les révoltés et amers. Je pense que certains de ces révoltés et amers ont développé « ces défauts » au cours de la formation du fait d'une relation pour le moins fraternelle avec certains formateurs et qu'ils n'ont plus jamais réussi à s'en remettre. Je pense qu'à chaque fois qu'un formateur se sent mal à l'aise à l'idée de vivre dans la même communauté qu'un ancien candidat maintenant confrère ou consœur de droit, il doit prendre conscience qu'il a échoué quelque part et se résoudre à rectifier le tir pour les autres encore en formation.

D'autre part, certaines congrégations, diocèses et institutions, et notre Société par exemple, ont développé des associations qui rendent visible leur présence et peuvent aussi soutenir leurs œuvres missionnaires / pastorales. Il y a notamment les associations des amis et parents des membres des congrégations en question et des anciens des séminaires au sein desquelles on trouve souvent des anciens candidats à la vie consacrée. Certaines congrégations perdent ainsi d'importantes opportunités eu égard à la façon dont certains de ces anciens candidats ont été traités et réorientés. Comment peut-on s'attendre à ce que ceux qui ont vécu une telle expérience gardent un bon souvenir de nous et veuillent soutenir la mission qui nous est confiée ? Certains vont jusqu'à quitter l'Église. Comme le souligne encore le Concile, « *En tout ce qui concerne le choix et la probation des séminaristes, on appliquera toujours la fermeté d'âme nécessaire, même si on doit déplorer une pénurie des prêtres, car Dieu ne permettra pas que son Église manque de ministres, si l'on n'ordonne que ceux qui en sont dignes. Ceux qui n'ont pas les aptitudes voulues seront dirigés paternellement, en temps voulu, vers d'autres responsabilités, et on les aidera à aborder avec joie, conscients de leur vocation chrétienne, l'apostolat laïc* » (O.T.6).

La dernière partie de cette parole est tout aussi importante que la première en ce sens que la mission du formateur consiste d'abord à former, dans le candidat, une âme profondément chrétienne de sorte que, qu'il parvienne à la consécration religieuse/sacerdotale ou non, au moins, sa foi en Jésus-Christ et sa conscience de disciple en soient édifiées. Il doit y avoir un équilibre entre la conscience du devoir qui exige du formateur la sincérité dans la recommandation ou non des candidats à avancer vers la consécration finale, d'une part, et le devoir d'humanité / fraternité qui requiert de lui un traitement sans animosité, d'autre part, des candidats qu'il juge non idoines.

c. La conscience de son devoir d'exemplarité

Quand le Concile insiste pour que les formateurs soient choisis parmi les meilleurs, il n'entend certainement pas faire croire qu'il y en a qui sont parfaits ou encore que les formateurs sont des gens spéciaux. Pas du tout ! Je pense qu'il tient plutôt à ce que les formateurs soient choisis selon le critère de compétences requises, car le futur de l'Église se joue aussi dans la qualité de la formation de ses pasteurs et de tous les consacrés qui, tous ensemble, constituent le corps des premiers disciples de notre temps. Parmi ces compétences, l'on peut relever la conscience du devoir d'exemplarité. J'entends, par-là, qu'il y a des formateurs qui incarnent ou au moins qui essayent, de tout leur cœur, d'incarner les valeurs par lesquelles l'on doit reconnaître le consacré. Ils le font non seulement parce qu'ils sont conscients des exigences de leur état de vie et qu'ils veulent vraiment s'y conformer, mais aussi parce qu'ils ont conscience de la gravité de la tâche qui leur a été assignée vis-à-vis des jeunes. Nul besoin de mentionner que le sérieux ou le laxisme avec lequel le formateur mène sa vie de consacré pourrait bien faire l'objet d'imitation de la part des candidats. Et s'il fait semblant d'être sérieux alors qu'il ne l'est pas en réalité, les jeunes sont en mesure de le savoir aussi et il y a de gros risques qu'ils s'entraînent à un tel jeu. Le recours à l'argument « faites ce que je dis et non ce que je fais » ne doit pas être approuvé chez un formateur. Il ne doit former que par sa vie qui doit être cohérente. Il ne peut pas non plus essayer d'alléger sa responsabilité en mettant en avant la maturité supposée des candidats (selon le niveau de formation auquel ils se trouvent) et leur capacité à faire des choix qui conviennent à leur aspiration. Certes, ils ont une idée de ce que doit être le consacré ; mais le formateur leur est donné en guise d'exemple concret, d'où la nécessité d'une bonne qualité de vie de sa part : une vie de prière profonde et vraie ainsi qu'une moralité irréprochable.

De certains, l'on entend souvent dire qu'ils ont pris la vie consacrée trop au sérieux. Une attitude à l'extrême, qu'elle soit même pour la recherche de la perfection, a certainement ses propres limites. Mais je préfère un consacré accusé d'être trop sérieux avec son état de vie que celui que l'on adoube pour sa soi-disant ouverture qui, en réalité, est une attitude « mi-figue mi-raisin » ou même de "médiocrité", parce que le qualificatif « trop sérieux » cache bien souvent l'incapacité ou le refus de reconnaître le mérite d'un certain consacré d'imiter Jésus autant que faire se peut. On ne peut suivre Jésus et rester tiède. Le disciple du Christ est soit avec Lui ou ne l'est pas, non seulement par sa volonté, mais aussi par son attitude réelle, car « *Dans la vie consacrée, il ne s'agit pas seulement de suivre le Christ de tout son cœur, en l'aimant « plus que son père ou que sa mère, plus que son fils ou que sa fille » (cf. Mt 10, 37), comme il est demandé à chaque disciple, mais de vivre et d'exprimer cela par une adhésion qui est « configuration » de toute l'existence au Christ, dans une orientation radicale qui anticipe la perfection eschatologique, selon les différents charismes et pour autant qu'il est possible d'y parvenir dans le temps* » (*Vita Consecrata* 16).

De nos jours, il est à regretter que, dans certaines congrégations, des consacrés que leurs supérieurs et leurs conseils jugent idoines pour la formation s'y refusent. Certains opposent un refus catégorique, certainement parce que c'est une mission exigeante qui requiert un certain nombre de sacrifices incorporés dans les aspects englobants de la valeur du formateur que nous avons déjà mentionnés. D'autres, pour masquer leur refus qui, en principe, ne peut se justifier, se vêtissent de l'habit de la fausse humilité, laissant entendre qu'ils ne se sentent pas qualifiés pour assumer une telle responsabilité. Toujours est-il que tous ceux-ci ont bénéficié d'une formation de qualité parce que des gens, avant eux, ont accepté de la leur offrir. Je pense que c'est un manque de charité envers l'Église, envers les congrégations et envers les jeunes en formation. Certains supérieurs sont ainsi obligés souvent de se rabattre sur ceux qui sont disponibles même s'ils ne répondent pas nécessairement aux critères de compétences requises, en espérant qu'ils pourraient bien s'en sortir. L'autre alternative qui n'est pas toujours fructueuse est le « recyclage » qui s'étend souvent jusqu'à des confrères proches de la retraite.

C'est une bénédiction pour l'Église, car de bons formateurs il y en a! Personnellement, j'en ai rencontré au cours de ma formation qui m'ont fait croître dans la conviction que la vie consacrée en vaut la peine. Ils ont réussi à nourrir en moi le désir d'aller de l'avant et jusqu'aujourd'hui, en tant que prêtre missionnaire, ils constituent pour moi des modèles concrets alors que je cherche à tâtons à ressembler au Maître Lui-même. Leur tendresse et leur patience paternelles et fraternelles devant les fautes que je commettais m'ont enseigné l'humilité et la tolérance sans jamais perdre de vue la nécessité de continuellement désirer et rechercher la perfection. Leur ouverture d'esprit, le respect et la confiance qu'ils ont manifestés en mon égard m'ont libéré de toute peur et m'ont aidé à être moi-même, avec mes qualités et surtout mes défauts dont ils m'ont aidé à prendre conscience et à essayer de les corriger. Leur exemple, au temps de ma formation, me rassurait que la sainteté est possible et que le bonheur de la consécration est réel. Je peux en témoigner aujourd'hui.

CONCLUSION

Les sujets actuellement en vogue et qui semblent faire tanguer la barque de l'Église sont, entre autres, les abus sexuels exercés sur des mineurs par des consacrés, de même que la question du mariage gay. Sous certains cieux, la volonté de mettre fin à ces abus et de rendre justice aux victimes prend les allures d'une systématique chasse aux sorcières. L'on semble préoccupé à vite éteindre le feu au point de ne pas chercher à se demander ce qui l'aurait causé. Même à l'intérieur de l'Église, la priorité semble être la recherche et la condamnation des auteurs d'abus sexuels, ce qui dissuaderait d'une telle tentation à l'avenir, ferait bonne presse aux autorités ecclésiales et calmerait l'ardeur des farouches opposants de l'Église. Mais on ne se demande pas assez par où le ver est entré dans le fruit pour savoir comment l'en extirper convenablement.

Il y a, je pense, une négligence ou un oubli progressif, de la part de certains consacrés, de leur identité et de leur mission dans le monde. Le consacré est récit de Dieu pour le monde, un témoin vivant, un signe visible de la sainteté de Dieu dans sa création. S'il en prend conscience et s'il prend au sérieux sa vocation, il sera, bien que comme une bougie dans l'orage, la lueur d'espoir qui dissipe les ténèbres de l'indifférence religieuse de plus en plus grandissante. À cause de fautes commises par certains, l'on s'attèle, même dans les plus hauts rangs des dignitaires de l'Église, à déconstruire la doctrine de l'Église, à s'en prendre à l'Église elle-même pour en faire une institution à taille humaine et à s'en prendre finalement à la vie consacrée en éclipsant son fondement qu'est la vocation divine. Ainsi, le monde, c'est-à-dire certains médias et ennemis de l'Église s'en trouvent bien servis, car ils savent se contenter de peu quand il s'agit de la salir ou de la diaboliser. Ils en font leurs choux gras au point que les fidèles chrétiens à qui l'on n'a peut-être pas assez offert l'enseignement clair, ferme et stable sur l'indépassable valeur salvifique de l'Église, confus et perdus, s'éloignent de la source même à laquelle ils doivent accourir.

Certes, il y a un besoin de réforme pour l'Église. Mais cette réforme, pour être authentique et servir la mission du Christ, ne peut être le fait de pressions externes ; elle ne doit pas être une simple réponse ponctuelle à des situations données ; elle doit passer par la conversion profonde des consacrés (prêtres, évêques, religieux et religieuses). Mais, même conscients de la gravité des fautes commises par certains, nous ne devons pas céder à la tentation de croire que nous sommes des imposteurs, comme on essaye de nous le faire croire, et que l'Église est pécheresse au même titre que ses enfants. Car « L'Église, pleine de pécheurs, est elle-même sans péchés ! Il y aura toujours assez de lumière en elle pour ceux qui cherchent Dieu »[26].

---

[26] Card. R. SARAH et N. DIAT, Op.cit., p. 9.

BIBLIOGRAPHIE

1. BENOIT XVI et Cardinal Robert SARAH, *Des profondeurs de nos cœurs*, Paris, Fayard, 2019, 180 p.

2. Bob GASS, *Forgetting your past*, Gainesville, Bridge-Logos Publishers, 2000, 153 p.

3. Card. LAVIGERIE, *Instructions aux Missionnaires*, Editions Grands Lacs, Namur, 1950, 393 p.

4. Card. Robert SARAH, Nicolas DIAT, *Le soir approche et déjà le jour baisse,* Paris, Fayard, 2019, 331 p.

5. Documents de Vatican II.

6. JEAN-PAUL II, *Vita Consecrata*, Exhortation Apostolique post-synodale sur la Vie consacrée et sa mission dans l'Église et dans le monde, 1996.

7. J. BRIEND et alii, *La Loi et les Prophètes. Introduction critique à l'Ancien Testament,* Paris, Pierre Tequi, 1999, 430 p.

8. P. Jacques GUILLET, La pauvreté de Jésus, in Revue « Vies consacrées », n° 1979-6 (consultation en ligne le 10/11/22).

9. PIE XI, *Ad catholici sacerdotii,* Lettre encyclique sur le Sacerdoce, 1935.

10. Saint Jean Chrysostome, *VIème Homélie sur Tite.*

11. Saint. Laurent JUSTINIEN, *De instit. Prael, in Ad catholici sacerdotii.*

12. Sœur Emmanuelle, *Le paradis, c'est les autres*, Paris, Flammarion, 1995, 149 p.

13. THOMAS D'AQUIN, *Somme Théologique* tome 2, Le Cerf, Paris, 1984, 825 p.

14. Thomas MERTON, *Vie et sainteté*, Paris, Seuil, 1966, 154 p.

TABLE DES MATIÈRES

Printed by Books on Demand GmbH, Norderstedt / Germany